ÉXITO COMERCIAL

Prácticas administrativas y contextos culturales

CUADERNO DE CORRESPONDENCIA, DOCUMENTOS Y EJERCICIOS COMERCIALES

QUINTA EDICIÓN

MICHAEL SCOTT DOYLE
University of North Carolina, Charlotte

T. BRUCE FRYER
University of South Carolina, Columbia
University of South Carolina, Beaufort

RONALD CERE
Eastern Michigan University

 HEINLE
CENGAGE Learning

Australia • Brazil • Japan • Korea • Mexico • Singapore • Spain • United Kingdom • United States

For product information and technology assistance, contact us at **Cengage Learning Customer & Sales Support, 1-800-354-9706**

For permission to use material from this text or product, submit all requests online at **www.cengage.com/permissions** Further permissions questions can be emailed to **permissionrequest@cengage.com**

ISBN-13: 978-0-495-90779-4

ISBN-10: 0-495-90779-0

Heinle
20 Channel Center Street
Boston, MA 02210
USA

Cengage Learning products are represented in Canada by Nelson Education, Ltd.

For your course and learning solutions, visit **www.cengage.com**

Purchase any of our products at your local college store or at our preferred online store **www.CengageBrain.com**

Printed in the United States of America
1 2 3 4 5 6 7 14 13 12 11 10

Índice

CAPÍTULO 3   La gerencia   33

CAPÍTULO 4   La banca y la contabilidad   47

CAPÍTULO 5   Los bienes raíces y el equipo   65

Preface

We are very pleased that the first four editions of *Éxito comercial* have met an instructional need at over 417 colleges, universities, companies, banks, agencies, and other language/culture training institutes in nine countries, including Canada, Spain, Mexico, and Brazil. We are excited about the prospects for the continued, and we hope improved, educational contribution of this fifth edition, which builds on the fundamental design and strengths of the earlier editions, and contains new communicative features. This companion volume, *Cuaderno de correspondencia, documentos y ejercicios comerciales*, also reflects the enhancements and updates implemented for the fifth edition. The listening comprehension exercises based on recorded telephone conversations have been updated or adjusted to reflect appropriate countries in this edition. The video segments that accompany the *Éxito comercial* textbook are now available on DVD and on the program's companion site. A new segment that corresponds to Chapter 14 and additional segments dealing with job interviews have also been added, and these materials are appropriate for use with the workbook as well as the textbook. Also in this fifth edition, additions to the reading section in Chapter 1 update the established practices surrounding e-mail correspondence. In the reading section of Chapter 3, additional suggestions are provided to job applicants when soliciting letters of recommendation that will enhance the effectiveness of these letters. In Chapter 7, the model curriculum vitae has been expanded to include the common use of a narrative description of qualifications. Elements of some of the letters and exercises have also been changed in this new edition of the workbook.

The fifth edition of *Éxito comercial: Cuaderno de correspondencia, documentos y ejercicios comerciales* has been prepared for students in college business Spanish courses or those in business-based instructional programs who require practice in written commercial communication with individuals or groups in the Spanish-speaking world. When used in conjunction with its accompanying textbook, *Éxito comercial: Prácticas administrativas y contextos culturales*, this workbook is designed to provide students—with or without a background in business—the vocabulary, basic concepts, and situational practice necessary to be successful in that rapidly changing environment. It is assumed that students have mastered the fundamentals of grammar and that they have already acquired the vocabulary needed for general communication.

Vocabulary possibly unfamiliar to students is listed at the beginning of each chapter. It is later reinforced by activities reflecting letters and documents typically used in international or domestic business as it is conducted in Spanish-speaking countries and communities. Both native speakers of Spanish as well as English-speaking students without prior knowledge of business content will find the vocabulary and related writing activities useful.

This workbook can be adapted to the specific needs of a variety of groups. The textbook and workbook can be integrated for use in a semester or a quarter system course meeting two or three days per week, in evening or Saturday sessions meeting once per week, or in intensive courses during the summer. For these courses the instructor or students can be selective of materials and activities. For example, a combination of readings from the business section of the text and workbook could provide an overview of the context for establishing and developing a business. For students who already have that background, more time could be spent on practice activities from the text and workbook. For courses of two semesters or quarters, the textbook and workbook materials form a complete unit that could be covered through Chapter 7 for the first semester or quarter. The remaining chapters, 8–14, would be used for the second semester or quarter. Another option would be to select materials from both the text and the workbook and to assign additional current readings from magazines, journals, or internet resources. The workbook has also been used successfully as the sole or primary text in a business Spanish correspondence and documents course, offering students and instructors a content-based alternative to the traditional Spanish composition course.

CONTEXTUAL STRUCTURE OF THE WORKBOOK

Instructors teaching a business Spanish course for the first time will find the combination of the text and the workbook to be "user-friendly," as will students with little or no commercial background, as there is a developmental sequence with a clear, logical continuity of business contexts throughout the materials. **Capítulo 1** in the workbook provides a basic introduction to the writing of business letters. The student then moves on to the written correspondence and documents involved in the establishment of a business and its subsequent development. This sequential process includes the organization of a company structure, the acquisition and management of capital through banking and accounting processes, capital investment (real estate), office organization and systems, human resources management, the production of goods and services, marketing, financial management, setting up an international operation, import–export, and the futuristic outlook for a year-end report. Some of the business context in the workbook necessarily focuses on secretarial and staff roles rather than on the operations performed by management, because successful managers must be familiar with these functions as they are the ones ultimately responsible for overseeing the quality of the written communications issuing from within their various departments or offices. The «Ejercicios auditivos» reflect managerial-level phone call situations.

INSTRUCTIONAL ORGANIZATION OF THE WORKBOOK

Éxito comercial: Cuaderno de correspondencia, documentos y ejercicios comerciales is divided into fourteen chapters, two appendixes and two vocabulary sections—Spanish to English and English to Spanish. This fifth edition retains previous features such as fax and e-mail communications, the résumé, problem-solving exercises that require students to work with numbers and percentages in Spanish, and an expanded section of abbreviations and acronyms («Apéndice 1: Siglas comerciales útiles»). Instructors and students will also find activities with greater contextualization, expanded options for reports (*informes*), some of which are tied to real-world research on the internet, and numerous updates to the business letters, some of which have been completely re-written.

The first chapter introduces the importance of the business letter, its internal structure, and the different styles used. The subsequent thirteen chapters follow a common format. The «Preguntas de orientación», the «Breve vocabulario útil», and the «Lectura» are all linked together to provide an introduction to the types of business correspondence and documents presented in each chapter. By pre-reading the questions and becoming familiar with the vocabulary provided, students are better able to follow the reading content. The section «¿Qué sabe Ud. sobre...?» provides space for students to answer the «Preguntas de orientación», which they previewed before the reading.

Subsequently, model letters in Spanish provide samples of the kinds of correspondence appropriate to the chapter content and used in the international business world. They are followed by exercises that reinforce the vocabulary and expressions found in the models. In one exercise, a «Carta modelo» or sample letter in English provides an opportunity for students to translate a letter into Spanish or English, a common occurrence in the international workplace. This exercise requires students to be precise yet flexible in their consideration of language, because there is seldom a single correct way—a single form—through which to express the meaning of phrases or sentences. An optional translation activity for students is to use the internet or translation software, if available, to generate machine translation

(MT) or computer-assisted translations (CAT), which then require post-editing (*posrevisión*), a real-world task in today's global business. In order to practice with this optional translation exercise, students need only have access to any of the numerous translation software programs available online (free online translators) or commercially and then re-input or scan the original letter and edit (correct and stylize) the translation draft generated by the computer. This last step, called post-editing, is crucially important in working with computer-generated translation. As a business Spanish learning strategy, it requires the students to use and develop their knowledge of Spanish by having them assume the role of a language instructor who assesses and corrects the work done by "another," in this case, the computer. For further information on the types of errors frequently found in translations, it is useful to visit the official website of the American Translators Association (ATA) at www.atanet.org. In another activity, «Borrador de Carta modelo...», students make final corrections on a rough draft, marked as a work in progress with the icon **OJO**, before the letter is mailed. This is a realistic activity for managers whose signatures go on the letters, memos, and documents issuing from their various departments, and it gives a professional quality to the activities. Following this activity, students are asked to draft an original letter in Spanish based on typical scenarios related to the chapter business content in an exercise titled «Redacción de cartas».

Toward the end of the chapters are a number of non-negotiable sample documents that are first modeled before students are asked to complete blank versions of the sample documents according to a simulated situation. There are also exercises, titled «Problema numérico-comercial», that require problem-solving with numbers. The solutions for these are provided in «Apéndice 2: Respuestas a los problemas numérico-comerciales» at the end of the workbook. The culmination of each chapter is a personalized business report, titled «Informe empresarial», about the activities of one of the following: 1) a hypothetical company created by each individual student, 2) a hypothetical company created by a student and a classmate, 3) a hypothetical company based on the efforts of a small group (three or four students), or 4) an actual company that has been researched. The sub-activities of each «Informe empresarial» may be completed as separate individual activities as selected by the instructor or student(s), or several or all of these activities may be completed as a group project or as an extended class activity spanning several days.

The audio CD is an ancillary feature of *Éxito comercial* that may be used with either the textbook or the workbook. It provides the instructor and the learner with fourteen telephone dialogs dealing with the business topic of the corresponding chapter of *Éxito comercial*, Fifth Edition. After each dialog, the listener hears four or five questions designed to check his or her listening comprehension of the passage. After each question, the use of the pause button will provide ample time to verify listening comprehension by responding in speaking or in writing in one of a variety of ways, depending on the linguistic level of the student or the purpose of the instructor or learner: 1) an oral response in Spanish that answers the question in a complete or partial sentence or in a paragraph, 2) a complete or partial written response in Spanish, 3) a translation of the questions into English or the language of the learner or instructor, or 4) a complete or a partial sentence or a more extensive written response in English. These listening comprehension questions are incorporated into the workbook text. They are followed by a set of additional cloze activities, now available to the student or teacher in each chapter for checking aural comprehension skills. A bibliography of related sources is provided on the website for *Éxito comercial* at www.cengage .com/spanish/exito. The co-authors have strived through this and all previous editions to synthesize the basic business knowledge, geographic literacy, and cross-cultural awareness required of future managers if they are to succeed in doing business with Spanish-speaking countries and communities. We hope that instructors and students alike will find this to be a useful tool in those endeavors.

Acknowledgments

The authors gratefully acknowledge the following individuals for their assistance in the preparation of different stages of the workbook. Prof. Wilhelmus Paulus Burgers and Prof. Jane Cromartie (Marketing Department, University of New Orleans); Prof. Francisco A. Colina (*Escuela de Negocios, Universidad de Costa Rica*); José Antonio and David Matute (Barcelona); José María Pareja of the *Mutua de Seguros Generales FIATC* (Barcelona); Sally Janezeck and Wendy Wood (Eastern Michigan University); Prof. John Logan and Prof. Fitz Beazley (College of Business Administration, University of South Carolina); Prof. Graciela Tissera (Clemson University); Lucía Seminario of Pucky Pey (Piura, Perú); José Antonio Briz (Guayaquil, Ecuador); David Smith Soto of the *Banco Interamericano de Desarrollo* (Washington, D.C.); Guillermo Visscher of Visscher and Associates (Santiago, Chile); Bibi Wray of La Bobina Publishers (Columbia, South Carolina); Frankie Goodman (University of South Carolina); colleagues who have participated in the summer workshops for Faculty Development in International Business (FDIB) for 20 years and graduate students in the Master in International Business Studies (MIBS), the IMBA since 2002, at the University of South Carolina; undergraduate and graduate business students at the University of South Carolina, University of North Carolina at Charlotte, Eastern Michigan University, San Diego State University, and the graduate students in the Translating and Translation Studies track of the M.A. in Spanish at the University of North Carolina at Charlotte. Special thanks to William R. Folks, Director of the CIBER Center at the University of South Carolina for his continued support of language studies for international business students, and to a colleague and friend, posthumously, Dr. Bernardo Pérez of the *Universidad EAFIT (Escuela de Administración y Finanzas e Instituto Tecnológico)*, Medellín, Colombia. We are deeply endebted to our outstanding editors, Heather M. Bradley and Kim Beuttler, and our outstanding Production team, consisting of Aileen Mason and Erin Connaughton, for their outstanding contributions in strengthening this project.

M.S.D., T.B.F., R.C.

TEXT CREDITS

We wish to thank the following individuals and institutions for their permission to use the letters and documents reproduced or adapted in this workbook:

Banco Interamericano de Desarrollo (Inter-American Development Bank), David Smith Soto; Presidential letter of transmittal and index to annual report.

Wilhelmus Paulus Burgers, University of New Orleans: Marketing survey on restaurants.

Mutua de FIATC Seguros Generales, José María Pareja Gabarró: Insurance advertisements, letters, and forms.

Introducción a la carta comercial

1-1 Preguntas de orientación

Al hacer la lectura, piense en las respuestas a las siguientes preguntas.

1. ¿Para qué sirve la correspondencia en el mundo de los negocios?
2. ¿En qué se diferencian la preparación de una carta comercial y la de un documento?
3. ¿En qué sentido puede ser la carta un documento oficial?
4. ¿Cuáles son algunas de las comunicaciones escritas más comunes?
5. ¿Cuáles de las comunicaciones mencionadas en este capítulo ha utilizado o ha recibido Ud.?
6. ¿Cuáles son las cuatro características necesarias para la redacción de una carta comercial?
7. ¿Cómo se define una carta clara?, ¿concisa?, ¿cortés?, ¿correcta?, ¿profesional?
8. ¿Cuáles son las partes de una carta comercial y qué función tiene cada una de ellas?

BREVE VOCABULARIO ÚTIL

adjunto (*adv*) • *attached (to correspondence or letter)*

almacenar • *to store*

ameno • *pleasant*

apartado postal • *post office box*

archivar • *to file*

arroba • *"at" symbol, @*

carta circular • *circular, form letter*

contraseña • *password*

correo electrónico • *email, e-mail*

del actual (año) • *the current year, this year*

destinatario • *addressee*

email (*m*) • *e-mail*

emilio • *e-mail*

esquema (*m*) • *outline*

foro de discusión • chat room

fuerza mayor • *Act of God (insurance term)*

he recibido su atenta (carta) • *I have received your letter*

hacer investigaciones • *to research*

memorando, memorándum (*m*) • *memorandum, memo*

mercancía • *merchandise*

oficial (*m/f*) • *government official or employee*

pedido • *purchase order*

razón social (*f*) • *company name*

recado • *note, message*

remitente (*m/f*) • *sender*

sangrado • *indented*

sangría • *indentation*

sobre (*m*) • *envelope*

tecla de borrado • *delete key*

tener prueba de • *to have proof of*

LECTURA

La importancia de la carta comercial

Las transacciones que se realizan en el mundo de los negocios se registran por medio de la correspondencia y otros documentos comerciales. Éstos son testimonios o títulos permanentes que dan prueba de las transacciones. En muchos casos, los documentos son formularios impresos en los cuales se adjuntan los detalles específicos de cada transacción. Además de las comunicaciones por medio de cartas o documentos, las más frecuentes son el memorándum (o memorando), el recado y las circulares. Si el mensaje es urgente, se utilizan el correo electrónico (o email) y el fax. En cualquier caso, es sumamente importante que las empresas archiven las comunicaciones escritas para tener prueba de las operaciones comerciales y para poder hacer investigaciones sobre las decisiones tomadas. Esto facilita posibles operaciones comerciales futuras. La estructura básica de toda la correspondencia es casi igual, aunque hay diferencias de estilo, tono y forma, según el tipo de carta o comunicado y su propósito.

La redacción de una carta

En la redacción de la correspondencia comercial, la carta tiene que ser clara, concisa, cortés, correcta y profesional.

- **clara:** el remitente no confunde al lector ni le deja dudas.
- **concisa:** la lectura no le lleva mucho tiempo al destinatario, a causa de su brevedad, el estilo sencillo y el número limitado de temas que se tratan.
- **cortés:** el tono es ameno y nunca ofensivo aun en el caso de una comunicación negativa (mala noticia).
- **correcta:** no tiene errores gramaticales, ortográficos, de puntuación o acentuación, y el vocabulario es preciso.
- **profesional:** los asuntos comerciales se comunican de modo preciso en un tono serio, natural y apropiado para las relaciones entre el remitente y el destinatario. Se evita la afectación y cualquier aspecto social que pueda perjudicar el tratamiento profesional.

CARTA MODELO 1-1. LA CARTA COMERCIAL

Escuela Universal Calle 19 Miami, FL 40467 305-555-9393 escuni@aol.net	**MEMBRETE**
10 de abril de 201_	**FECHA**
Muebles Modernos, S.A. Calle Duarte 342 Santo Domingo, República Dominicana	**DESTINATARIO**
Atención: Carlos Robles Blanco	**LÍNEA DE ATENCIÓN**
REF: Factura #37896	**REFERENCIA**
Estimado Sr. Robles:	**SALUDO**
He recibido su atenta del 5 de marzo en la cual me informa de la demora del envío de los escritorios pedidos en febrero del actual. Comprendo las dificultades que puedan ocurrir debido a fuerzas mayores como un huracán. Sin embargo, remito con ésta los documentos requeridos sobre el transporte de los muebles indicados. Espero la llegada de las mercancías lo antes posible.	**TEXTO**
Muy atentamente,	**DESPEDIDA**
ESCUELA UNIVERSAL	**ANTEFIRMA**
Rafael Solarez Gómez Rafael Solarez Gómez Rector	**FIRMA**
RSG/tlc	**INICIALES**
Anexos: Carta de pedido Factura # 37896	**ANEXOS**

La estructura de la carta comercial

1. **Membrete.** Las empresas comerciales procuran usar hojas de papel de buena calidad. En la parte superior de la hoja se imprimen el nombre y la dirección de la empresa, el número de teléfono, de fax y de correo electrónico (si existen), un símbolo que representa el negocio (logo, marca de fábrica, etc.) y, a veces, el nombre y apellido del dueño y su cargo. Generalmente se incluyen la ciudad y el país de la empresa de modo que éstos no se repiten en la fecha si la carta se manda dentro de la misma ciudad. En la correspondencia internacional, además de los números de teléfono, fax o correo electrónico, se incluyen los números internacionales del país y del estado o del departamento donde se ubican.

> **LANGÓN DISTRIBUIDOR**
> Avenida Plan de Ayala 2341
> **Tres Cumbres, Morelos**
> **México**
> Tel: 001-15-27-90, Fax: 001-15-27-91
> Ldistrib@aol.com

2. **Fecha.** Es importante indicar clara y convencionalmente el día, el mes y el año de cada comunicación escrita. Esta parte se escribe dos líneas debajo del membrete y su posición puede variar: a la izquierda, en el centro o a la derecha. **Nótese también que, a diferencia del inglés, se pone primero el día y luego el mes.** El primer formato abajo, con la preposición «de» dos veces, es el más tradicional y comúnmente aceptado:

> **6 de mayo de 201_**
> **06-05-201_**
> **06-V-201_**

3. **Destinatario.** Éste se incluye dos líneas después de la fecha, con variantes de la siguiente información: el nombre de la persona a la cual se dirige la carta, su título o cargo, el nombre de la empresa y los demás detalles de la dirección del destinatario (calle o apartado postal seguido por la ciudad, país y la zona postal). Se pone al margen izquierdo del papel. Como se ve a continuación, las formas pueden variar bastante según el país.

> **Sr. Ricardo Robles García, Director de Ventas**
> **Muebles Modernos, S.A.**
> **Calle Transversal 342**
> **Santo Domingo, República Dominicana**

> **Dra. Mariluz Benítez**
> **Urbanización Prados del Este**
> **De la Agencia Euroautos (BMW) 150 metros Sur, 175 metros Este**
> **Edificio #8, color papaya**
> **San José, Costa Rica**

4. **Línea de atención.** Generalmente, si la carta se envía a una empresa, se aclara que se dirige a un destinatario específico para facilitar que esta persona se encargue directamente del asunto. Es opcional, pero si se incluye, se pone al margen izquierdo, dos espacios debajo de la dirección del destinatario. (NOTA: De ser posible, siempre es mejor dirigir una carta a una persona específica en lugar de enviarla a una empresa o a un departamento.)

> **Atención: Sra. María Luisa del Valle**
> **Directora**

5. **Referencia.** Es otra parte opcional en la cual se destaca el asunto principal de la carta al hacer referencia a una carta previa o a un documento. Se pone hacia el margen derecho después de las señas del destinatario o después de la línea de atención.

> **REF: Factura No. 37896**
> **Ref: Pedido del 3 de septiembre de 201_**
> **Referencia: Su carta del 15 de marzo de 201_**

6. **Saludo.** Esta parte se encuentra en el margen izquierdo a dos espacios de la parte anterior. Se puede usar alguna de estas variantes de acuerdo a la relación entre el remitente y el destinatario. Note que la primera letra de la abreviatura de un título siempre se pone en mayúscula (Sr., Sra.) mientras que no se pone en mayúscula cuando se escribe toda la palabra (señor, señora). El saludo va seguido por dos puntos (: = *colon*) y no una coma (,), un guión (-) o una raya (—).

> **Estimado Sr. Trujillo:**
> **Estimada señora Rodríguez:**
> **Apreciable Srta. López:**
> **Muy señor(es) mío(s):**
> **Distinguido amigo nuestro:**
> **Señor(es):**

7. **Texto.** A continuación viene el texto o el cuerpo de la carta. Esta parte generalmente se inicia con una frase hecha según la necesidad o el propósito de la carta, como se ve en los siguientes ejemplos.

En contestación (respuesta) a su atenta carta de...	*In response to your kind letter of . . .*
El propósito de ésta es...	*The purpose of this letter is . . .*
Tengo el gusto de (Me complace) comunicarles que...	*It is my pleasure to inform you that . . .*
Aceptamos con mucho gusto las estipulaciones...	*We gladly accept the stipulations . . .*
Acusamos recibo de su atenta del...	*We acknowledge receipt of your letter of (dated) . . .*
En relación con su misiva del...	*In reference to your letter of . . .*
Les informamos que...	*We inform you that . . .*
Mucho siento (lamento) informarle que...	*I regret to inform you that . . .*
Acabamos de recibir su solicitud de...	*We have just received your request for . . .*

Luego viene el texto que generalmente consiste en varios párrafos (sólo los que hagan falta y con un doble espacio para separar los párrafos) sobre el tema a tratarse.

8. **Despedida.** Todas las cartas comerciales terminan con una breve despedida cortés. La despedida guarda relación con el saludo y generalmente es una frase convencional, es decir, un modismo. A veces, se incorpora como la parte final del texto. Si no es así, está separada por dos líneas del último párrafo y se incluye más bien como parte de la antefirma y la firma.

Atentamente,	*Sincerely,*
Muy atentamente,	*Sincerely,*
Les saluda atentamente,	*Sincerely,*
Aprovechamos esta ocasión para...	*We are taking this opportunity to . . .*
Cordialmente,	*Cordially,*
En espera de sus noticias, quedo/quedamos atentamente,	*In anticipation of your response, I/we remain sincerely yours,*
Les expreso anticipadamente mis gracias por...	*I thank you in advance for . . .*
Su(s) seguro/a(s) servidor/a(es/as),	*Yours truly,*
Sin otro particular, les saluda,	*Yours sincerely,*

9. **Antefirma.** Representa la razón social (el nombre oficial y jurídico de la empresa), escrita en mayúsculas. Es opcional y a veces se pone a continuación (dos líneas después) de la despedida.

> **ESCUELA UNIVERSAL**
> **COCINAS EUROSTYLE DECORCASA**
> **ABASTECEDORES RAMÍREZ, S.A.**

10. **Firma.** Esta parte es manuscrita por el/la remitente debajo de la antefirma (si se incluye la antefirma) y viene dos o tres espacios antes del nombre completo del remitente y su cargo.

> *Pablo Iglesias Montero*
> **Pablo Iglesias Montero**
> **Gerente General**

11. **Iniciales.** Las letras iniciales en mayúscula representan las del/de la remitente (la persona que firma la carta). Las letras a continuación de la barra son las del/de la mecanógrafo/a. Se ponen en el margen izquierdo. El siguiente ejemplo indica que Rafael Solarez Gómez dictó y firmó la carta redactada (por computadora o a máquina) por su secretaria, Teresa Leal Cortez.

> **RSG/tlc**

12. **Anexos.** Hacia el margen izquierdo y dos líneas después de la firma se indica cada documento con su número de archivo que se adjunta a la carta.

> **Anexo: 2 catálogos**
> **Adjunto: Factura No. 4551**

13. **Carbón copia.** Otra vez al margen izquierdo, se indican en minúsculas o mayúsculas las entidades o personas que van a recibir una copia de la correspondencia.

> c.c. Junta Municipal
> c.c. Dr. Juan Lagos
> C.C. Srta. María Perales, Directora

14. **Posdata o postdata.*** En ciertas ocasiones si ha habido alguna omisión o algún acontecimiento de último momento, se agrega un mensaje muy corto debajo de la firma y en el margen izquierdo. En la mayoría de los casos, se recomienda no usar una posdata si se trata de un asunto formal, pues indica cierto descuido y olvido por parte del remitente, especialmente hoy en día, cuando el uso de las computadoras facilita los cambios.

> P.D. Acabo de recibir su pago en el correo.
> P.D. Se me olvidó indicar el precio total de $3.800.
> P.S. Saludos a Enrique y a Marta. (NOTA: este tipo de posdata añade un toque personal cuando son conocidos los que se comunican.)

15. **Sobres.** En los sobres de las cartas comerciales hay que incluir dos partes:
- el nombre y la dirección del remitente en la parte izquierda superior.
- el nombre y la dirección del destinatario hacia el centro del sobre.

A menudo se incluyen términos especiales para ayudar con el envío de la carta:

CORREO AÉREO	*AIR MAIL*
A REEXPEDIR	*PLEASE FORWARD*
MUESTRAS SIN VALOR	*SAMPLES*
ENTREGA INMEDIATA	*SPECIAL DELIVERY*
CORREO CERTIFICADO	*CERTIFIED MAIL*

USCAN, Inc.
1255 Main Street
Fresno, CA 93706

            Director de Desarrollo
            Empresas Farmacéuticas, S.A.
            Apartado Aéreo 3322
            Buenos Aires, Argentina
            South America

---

*NOTA: En doce países hispanos —Argentina, Bolivia, Chile, Colombia, Costa Rica, Cuba, Ecuador, España, Guinea Ecuatorial, Paraguay, Uruguay y Venezuela— el punto y la coma en el uso numérico se invierten con respecto al uso en EUA. Es decir, el número 6,500.50 de EUA se expresa como 6.500,50 en estos países. Los demás países hispanos usan el mismo sistema que en EUA.

1-2 ¿Qué sabe Ud. sobre las cartas comerciales?

Vuelva a las «Preguntas de orientación» que se hicieron al principio del capítulo y ahora contéstelas en oraciones completas en español.

1. _____

_____

_____

2. _____

_____

_____

3. _____

_____

_____

4. _____

_____

_____

5. _____

_____

_____

6. _____

_____

_____

7. _____

_____

_____

8. _____

_____

_____

Estilos de mecanografía

Las cartas comerciales suelen escribirse a máquina o con computadora o procesador de textos. Los estilos más comunes son (1) **bloque,** (2) **semibloque** y (3) **bloque extremo.** Estas denominaciones se refieren a la distintas maneras de comenzar una parte o sección de la carta: (1) al margen izquierdo, (2) con una sangría normalmente a cinco espacios del margen izquierdo (usar el tabulador), (3) en el centro o (4) hacia el margen derecho. A continuación se ofrece un esquema visual de las posibilidades.

Elemento	Margen izquierdo	Sangrado	Centro	Margen derecho
1. membrete			todos	
2. fecha	bloque extremo		semibloque	bloque
3. destinatario	todos			
4. línea de atención	todos			
5. referencia				todos
6. saludo	todos			
7. texto	bloque extremo bloque	semibloque (renglón sangrado al principio de cada párrafo)		
8. despedida	todos			
9. antefirma 10. firma	bloque extremo		semibloque	bloque
11. iniciales 12. anexos 13. c.c. 14. P.D	todos			

Obsérvense los ejemplos de los tres estilos de mecanografía en los siguientes ejercicios.

1-3 Ejercicio: Estilos de mecanografía

1. En los bloques siguientes, escriba el nombre de cada parte de la carta comercial. El estilo de esta carta es de **bloque**.

1)

2)

3)

4)

5)

6)

7)

7)

8)

9)

10)

11)

12)

13)

14)

2. Vuelva a escribir los nombres de las partes de la carta. Éste es el estilo **semibloque**.

1)

2)

3)

4)

5)

6)

7)

7)

8)

9)

10)

11)

12)

13)

14)

CARTA MODELO 1-2. EL ESTILO BLOQUE EXTREMO

T.E.D.
Tablas de Estadísticas Demográficas
Calle Central 974
Bogotá, Colombia
Teléfono: (57) 1-347-6987 Fax: (57) 1-347-6988
tedcolo@yahoo.net

30 de junio de 201_

Jorge Morales
Director de Investigaciones
Ministerio de Salud
Calle Bolívar 548
Bogotá

Estimado señor Morales:

Tengo el gusto de adjuntarle el más reciente catálogo de nuestra firma, el cual le había mencionado durante su visita a nuestro edificio el 15 del actual. Espero que le sirva en su nueva sucursal. Si le puedo ayudar en algo más, haga el favor de llamarme al número indicado arriba.

Su atento servidor,

TABLAS DE ESTADÍSTICAS DEMOGRÁFICAS

Juan Portales
Juan Portales
Director de Marketing

JPV/epe

Anexo: un catálogo

c.c. Director, Departamento Internacional

1-4 Ejercicio de traducción*: Del español al inglés

La empresa donde Ud. trabaja a menudo recibe cartas y documentos importantes o urgentes en español que hay que traducir. Puesto que Ud. conoce ambos idiomas, se le ha pedido que traduzca la carta anterior (Carta modelo 1-2) al inglés, lo cual hace con mucho gusto y esmero.

---

*OPCIONAL: 1. Para hacer este ejercicio, sírvase usar algún programa de traducción bilingüe para generar una traducción hecha por computadora. Los pasos serán los siguientes: escribir de nuevo la carta original o usar un escáner para traspasar la copia de la carta a su programa de procesamiento de textos, y luego pasar la carta original por el programa de traducción. ¡OJO! Luego hará falta corregir los errores de la traducción automatizada: importantísima actividad que se llama «posrevisión». 2. Haga una traducción visual (*sight translation*) de la carta. Es decir, traduzca oralmente el texto escrito.

_____

_____

_____

_____

_____

_____

_____

_____

_____

_____

_____

1-5 Ejercicios: Su propia empresa

1. ¿Qué clase de empresas comerciales o firmas de producción le interesan a Ud.? Piense en el establecimiento de su propia empresa individual o en colaboración con otro/a(s) colega(s), es decir, un/a(os/s) compañero/a(s) de clase. Ud(s). deben considerar lo siguiente:

   - sus intereses.
   - sus experiencias.
   - sus contactos con personas de negocios o entidades comerciales, o sea, sus fuentes de información.
   - la información disponible en una biblioteca cerca de Ud(s). o en Internet.
   - el contexto geográfico que le(s) interesa más a Ud(s).
   - el contexto cultural que Ud(s). conoce(n) o que Ud(s). quiere(n) conocer más.

   Luego, conteste(n) Ud(s). las siguientes preguntas:

   a. ¿Cómo se llama su empresa? _____

   _____

   _____

b. ¿Que dirección tiene? _____

_____

_____

c. ¿Cuáles son los números de teléfono y de fax y la dirección de correo electrónico? _____

_____

_____

d. ¿Cuáles son los objetivos y las funciones de su empresa? _____

_____

_____

_____

_____

2. Diseñe un membrete individualizado para su empresa. Si tiene un procesador de palabras y el software apropiado, debe preparar su propio papel comercial con un membrete y los sobres que reflejen los datos apropiados (los del membrete, por ejemplo). El papel con su membrete se puede utilizar para hacer otros ejercicios en este manual. Si es posible, diseñe también un logo.

3. Escriba una carta al/a la Director/a de Marketing de MARKEMUNDO pidiéndole algunas estadísticas demográficas de América del Sur, América Central, el Caribe y África. Explíquele que Ud. quiere saber más acerca de cierto país africano, Guinea Ecuatorial, porque allí la lengua oficial es el español. Complete todas las partes necesarias para una carta comercial. El nombre y apellido de su mecanógrafa es María Elena Verdugo. Mande una copia a su ayudante de Investigaciones Demográficas, Lucinda Villalobos.

LECTURA

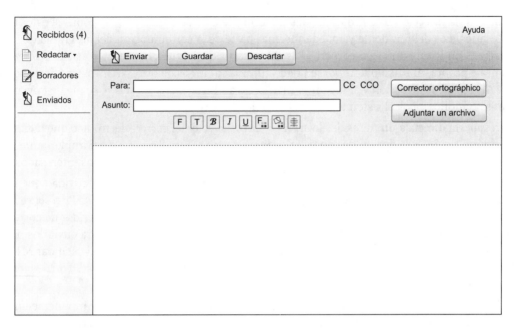

El correo electrónico

1. **La importancia actual del correo electrónico.** El correo electrónico o email es una manera de mandar comunicados de una computadora a otra. Los usuarios frecuentemente utilizan Internet como medio pero no necesariamente. Tampoco es un servicio exclusivo de Internet debido a todos los otros tipos de red existentes (e.g., FIDONET, COMPUSERVE, BITNET). Es imprescindible en el mundo de los negocios y es la más común de las varias formas de comunicación electrónica. En muchos casos ha reemplazado a los demás medios comunicativos —el correo postal, el fax y el teléfono— y puede usarse para los mismos propósitos y trámites mercantiles e industriales para los cuales se usan las otras formas. Y lo que es más importante aun, tiene muchas ventajas sobre éstas, pues es: (1) barato: no cuesta casi nada, al menos en este momento; (2) flexible: se puede mandar cualquier forma de mensaje y anexos —textos, gráficos, programas, etc.; (3) rápido: los mensajes llegan casi inmediatamente adónde sea; y (4) fácil de manejar. También se puede adaptar a cualquier situación, necesidad o actividad empresarial y se puede almacenar mucha información y documentación clave para tener éxito en los negocios.

2. **La forma de la dirección del correo electrónico.** Con respecto a su forma, una dirección del correo electrónico consiste en tres elementos: **El nombre del usuario + @ (llamado arroba) + el servidor de correo.**

3. **El almacenaje del correo electrónico.** Los mensajes se almacenan en un buzón, al cual sólo tiene acceso el usuario mediante una contraseña, y pueden eliminarse, después de que éste los lea, al presionar la tecla de borrado.

4. **El envío del correo electrónico.** A diferencia del correo postal, los «emails» o «emilios» consisten en sólo dos partes: la cabecera y el cuerpo, es decir, el mensaje mismo. En aquélla, se incluyen el nombre y la dirección electrónica del destinatario y los del destinatario de la copia, si éstos son necesarios. Los del remitente ya pueden formar parte de la configuración del programa de correo. También, en la cabecera se incorpora el asunto o tema que sigue. El cuerpo consiste sólo en el mensaje propio. Al mismo tiempo, se puede adjuntar al mensaje otros archivos, gráficos, sonido, etc. Al escribir la dirección y al incluir el mensaje o archivo y al hacer «clic», se puede enviar el mensaje adónde sea y el sistema lo llevará a su destinatario.

5. **La respuesta directa a un mensaje electrónico.** Otro aspecto del correo electrónico que facilita la comunicación es la opción de contestarlo sin construir un nuevo mensaje. Simplemente se presiona el botón «responder», se escribe la respuesta requerida y se envía a los interesados.

6. **Los protocolos del correo electrónico.** En cuanto al sistema electrónico de conectividad que se relaciona con un mensaje electrónico, hay dos protocolos —el POP3 (*Post Office Protocol* versión 3 o Servidor de correo entrante) y el SMPT (*Simple Mail Transfer Protocol* o Servidor de correo saliente). El POP3 sirve para recibir, almacenar y leer mensajes, y el SMPT para enviarlos. Estos dos protocolos sólo son capaces de enviar mensajes en formato texto ASCII. El estándar MIME (Multipurpose Internet Mail Extensions) se emplea para transferir datos no tradicionales (en lenguas que no sean el inglés, y de sonido, gráficos, video, etc.).

7. **El servicio de listas en la comunicación electrónica.** El email también puede componerse en forma de listas a las cuales subscriben muchas personas. Además de proveer fuentes de información acerca de temas específicos, estas listas se usan para organizar foros de discusión acerca de tales temas. Los suscriptores o los abonados pueden recibir y enviar cuantos mensajes quieran sobre un tema dado mediante un mayordomo *robot* que procesa automáticamente los mensajes para suscribirse o borrarse.

1-6 Ejercicio: Las normas de conducta correcta en el correo electrónico

Busque en Internet libros o pautas electrónicas con información que trata el tema de la conducta correcta para el envío de mensajes electrónicos utilizando las palabras clave «cómo escribir un correo electrónico».

Después, prepare un informe escrito en el cual Ud. les sugiere a sus compañeros de clase una lista de buenas recomendaciones para no ofender al destinatario de un emilio. Al final, incluya una bibliografía completa de fuentes consultadas.

1-7 Problema numérico-comercial*

Busque en una fuente informativa, como el *Almanaque mundial* de este año o en Internet, el producto nacional bruto (PNB) en dólares así como las poblaciones de los siguientes países:

País	PNBª	Población	Ingreso per cápita (en mil millones)
Argentina			
España			
Guatemala			
México			
Venezuela			
EUA			

ª El PNB se indica en miles de dólares y la población en millones de habitantes: ej. PNB de $77.000 = 77 millones de dólares y 6.544 de habitantes = 6 millones quinientos cuarenta y cuatro mil habitantes. De esta forma, no es necesario escribir todas las cifras.

Haga los siguientes ejercicios:

1. Calcule el promedio de ingresos por habitante de cada país.
2. Compare las estadísticas de los países. ¿Qué realidades indican respecto a sus situaciones económicas?

1-8 Ejercicios auditivos al teléfono: Introducción a la carta comercial

Pistas
1 y 2

1. Lea las siguientes preguntas. Después escuche atentamente la conversación telefónica del Capítulo 1 que acompaña el programa *Éxito comercial* y conteste las siguientes preguntas. Puesto que la comprensión auditiva es una destreza comunicativa sumamente importante, se recomienda escuchar **la conversación** varias veces.

   a. ¿Cuál es el proyecto en equipo que tienen que entregar la Srta. Estévez y el Sr. Romero?
   b. ¿Cuáles son los países que les corresponden a los dos representantes?
   c. ¿Cuántos hispanos vivirán en los Estados Unidos en el año 2025?

---

* En este cuaderno los números indicados en cifras se presentan conforme a las reglas usadas en los distintos países hispanos. Es decir, como se ha comentado anteriormente, las convenciones varían de país en país. Como se explica en el Apéndice 3 del texto *Éxito comercial: Prácticas administrativas y contextos culturales*, el número «mil» se indica con punto (1.000) en los siguientes países: Argentina, Bolivia, Chile, Colombia, Costa Rica, Cuba, Ecuador, España, Guinea Ecuatorial, Paraguay, Uruguay y Venezuela. Se indica con coma (1,000) en El Salvador, Estados Unidos, Guatemala, Honduras, México, Nicaragua, Panamá, Perú, Puerto Rico y la República Dominicana.

Es decir, por lo general en América del Norte, Centroamérica y el Caribe, con la excepción de Costa Rica y Cuba, se usa la coma para indicar miles (10,000) y se usa el punto para indicar decimales (10,000.75). En España, Guinea Ecuatorial y América del Sur, con la excepción de Perú, se hace en orden inverso: el punto indica miles (10.000) y la coma indica decimales (10.000,75).

En el presente manual se ha seguido generalmente el sistema numérico del país indicado (país y cultura del remitente) en los ejemplos de cartas comerciales en cada capítulo.

    d. ¿Cuáles son las tres regiones que tienen poblaciones casi iguales?

    e. ¿Cómo se comparan los PIB y las poblaciones de esas tres regiones?

2. Complete el formulario abajo con las estadísticas de la conversación.

CARPETA DE ANA ESTÉVEZ MONTALBÁN, MÉXICO, D.F.

Países	Población (en millones)	PIB (en mil millones)
EUA		xx
EUA hispanos		
México		xx
Centroamérica (Guatemala, Honduras, Nicaragua, El Salvador, Costa Rica, Panamá)		xx
Caribe hispano (Cuba, República Dominicana, Puerto Rico)		xx
Total (sólo hispanos)		

CARPETA DE ERNESTO ROMERO PALMERO, BUENOS AIRES, ARGENTINA

Regiones	Población (en millones)	PIB (en mil millones)
Andina (Colombia, Perú, Venezuela, Ecuador, Bolivia)		xx
Cono Sur[a] (Argentina, Chile, Paraguay, Uruguay)		xx
Subtotal (de países hispanoparlantes de Sudamérica)		
Brasil		

[a] Se denomina **Cono Sur** al área geográfica ocupada por los países del extremo sur de América, es decir, Argentina, Chile, Paraguay y Uruguay. En la actualidad y por el momento, los miembros de **MERCOSUR** son Argentina, Brasil, Paraguay y Uruguay. Bolivia, Chile, Colombia, Ecuador, Perú y Venezuela son miembros observadores.

3. Basando sus comentarios en la conversación telefónica, haga la siguiente llamada telefónica a otro/a estudiante de la clase. Cada persona deberá tomar un papel activo en la conversación.

    Usted es la Srta. Ana Estévez Montalbán. Su jefe/a en otra oficina de Inversionestas en México, D.F. ya está enterado/a del informe y la información que Ud. consiguió acerca de las poblaciones y los PIB en México, el Caribe y EUA. Llame usted a su jefe/a para informarle sobre las investigaciones adicionales que hizo Ernesto Romero Palmero en Buenos Aires sobre América del Sur y Brasil. (Utilice la carpeta arriba.)

La empresa

2-1 **Preguntas de orientación**

Al hacer la lectura, piense en las respuestas a las siguientes preguntas.

1. ¿Cómo se constituye una empresa individual?, ¿una sociedad?
2. ¿Qué es una carta circular y con qué fines se redacta?
3. ¿Qué es una carta circular de apertura?, ¿de clausura?, ¿de transformación?

BREVE VOCABULARIO ÚTIL

acción • *stock, share*

apoderado • *proxy, representative, power of attorney*

carta • *letter*

  circular • *form letter, circular*

  de apertura • *circular announcing the opening of a company*

  de clausura • *circular announcing the closing of a company*

  de transformación • *circular announcing a change in the company's legal status*

código mercantil o de comercio • *business code*

empresa • *company, firm, enterprise*

  individual • *sole proprietorship*

  social • *company (of more than one person)*

encabezamiento • *heading*

escritura de una sociedad • *articles of incorporation*

financiero • *financial*

incorporador • *incorporator*

junta de directores • *board of directors*

propietario • *owner*

registro • *registry*

  estatal o federal de contribuyentes • *national tax registry*

  público de comercio • *public business registry*

sociedad • *company, firm (not a sole propietorship)*

  anónima (S.A.) • *corporation (Inc.)*

  de responsabilidad limitada (S.R.L.) • *limited liability company (Ltd.)*

  en comandita o comanditaria (S. en C.) • *silent partnership*

  en nombre colectivo (S. en N.C.) • *partnership*

socio • *associate, partner; member (of club)*

sufragar • *to defray or help cover costs*

teneduría de libros • *bookkeeping*

LECTURA

La constitución de la empresa

Por lo general, para poner en marcha un negocio, se suele constituir una empresa individual o social según las necesidades, capital y objetivos del propietario o de los socios o incorporadores. Esta constitución mercantil o industrial puede ser simple o compleja conforme al tipo de empresa que se quiere organizar. Con respecto a la empresa individual, es relativamente sencilla: consiste en la inscripción en el registro federal o estatal de contribuyentes y en la teneduría de los libros de contabilidad. En cuanto a la sociedad, la constitución es algo más compleja. Puede comprender, además de los trámites anteriores, la incorporación jurídica según el código de comercio particular, la inscripción en el registro público de comercio y la teneduría tanto de los libros de contabilidad como de los de actas y de acciones tomadas. Puede haber también otros trámites de constitución. Sean cuales fueran las formas o métodos de constitución, una vez establecida la empresa, los gerentes tienen que anunciar su apertura. Suelen hacerlo mediante la carta circular.

La carta circular

La carta circular es aquélla que se dirige a muchos destinatarios o clientes y trata de varios asuntos sin cambiar el texto. Suele ir impresa y, a veces, para darle un tono más personal, lleva el nombre y la dirección del destinatario. En el mundo de los negocios se redacta, en general, para:

- Anunciar la apertura, transformación jurídica, clausura o liquidación de un negocio.
- Avisar acerca de los cambios de domicilio, teléfono, fax o correo electrónico.
- Comunicar el nombramiento de apoderados, gerentes o supervisores, o anunciar las visitas oficiales, las reuniones o exposiciones y otros asuntos por el estilo.
- Anunciar una compra, una venta u otra transacción mercantil, financiera o industrial.

Con respecto a las cartas circulares de apertura, transformación (cambio de forma jurídica o razón social) o clausura, deben llevar el nombre y la firma de la persona que las ha redactado así como su título.

2-2 ¿Qué sabe Ud. sobre las cartas circulares?

Vuelva a las «Preguntas de orientación» que se hicieron al principio del capítulo y ahora contéstelas en oraciones completas en español.

1. _____

_____

_____

2. _____

_____

_____

3. _____

_____

_____

CARTA MODELO 2-1. CARTA CIRCULAR DE APERTURA

Ud. quiere ampliar su vocabulario y tener mayor variedad de términos para usar al escribir y leer cartas en español. Los siguientes ejercicios sirven para alcanzar esta meta.

Productos Vinícolas, S.A.
Plaza Arroyo 245
11403 Sevilla, España
Tel: (34-95) 6668708 Fax: (34-95) 66689543
produvinic@aol.com

10 de septiembre de 201_

Mr. Robert Thompson
Purchasing Manager
Wines, Inc.
1000 7th Street
Sacramento, California 95814

Estimado señor Thompson:

Nos complace notificarle que hemos organizado, ante el Notario Público, el Sr. Rafael Cava, en Escritura Pública 12.384, el quince de agosto del año en curso, la Sociedad Anónima, PRODUCTOS VINÍCOLAS, S.A. para la exportación y venta de los mejores vinos de España. Nuestra dirección, teléfono y fax se indican en el encabezamiento de ésta.

Para poner en marcha nuestra empresa, disponemos de un capital de 50 millones de euros y de una de las operaciones de producción más modernas. La junta de directores de esta empresa ha elegido al socio D. Juan Belmonte para dirigirla y representarla.

Dada la larga experiencia gerencial de nuestro socio y presidente, el Sr. Belmonte, además de un personal experto en asuntos vinícolas, estamos seguros de poder atenderle con suma eficacia. Por lo tanto, le enviamos adjunto a la presente nuestro catálogo y lista de precios. Nos agradaría recibir sus próximos pedidos.

Quedamos de Ud., muy atentamente,

PRODUCTOS VINÍCOLAS, S.A.

Jaime Valdepeñas
Jaime Valdepeñas
Gerente General

Anexos: catálogos y lista de precios

JV/rf

2-3 Ejercicios de vocabulario

1. Dé un sinónimo de las siguientes palabras o frases, usando las que están subrayadas en la carta y otras que Ud. conozca.

a. ésta _____

b. sociedad _____

c. señas _____

d. cordialmente _____

e. tenemos el gusto de _____

f. membrete _____

g. nos sería grato _____

h. asociado _____

2. Vuelva a escribir la Carta modelo 2-1, reemplazando las palabras subrayadas en la carta con las del ejercicio anterior. Haga todos los demás cambios que resulten necesarios.

_____

_____

_____

_____

_____

_____

_____

_____

_____

_____

_____

_____

_____

_____

_____

_____

_____

CARTA MODELO 2-2. CARTA CIRCULAR DE TRANSFORMACIÓN

Vinos Imperiales, S.A.
Avenida de las Uvas, 100
11402 Jerez de la Frontera, España
Tel: (34-95) 6222248 Fax: (34-95) 6222486
vinimper@aol.com

15 de octubre de 201_

WINES, Inc.
1000 7th Street
Napa, CA 95814

Estimados señores:

Quisiéramos informarles que, a partir de hoy,

Castells y Roig, S. de R.L.
Avenida de las Viñas, 77
41004 Sevilla, España

se ha transformado en Vinos Imperiales, S.A.

Les rogamos se sirvan apuntar este cambio jurídico, así como las nuevas señas de la casa matriz, el correo electrónico y los nuevos números empresariales de teléfono y de fax.

Pese a estos cambios, seguiremos cumpliendo con los contratos mercantiles y otras obligaciones vigentes así como con la gama de productos y precios que hemos comunicado en nuestra última correspondencia.

Esperamos que nos siga favoreciendo con su confianza y apoyo.

Quedamos de Uds. atentamente,

VINOS IMPERIALES

Roque Requena
Roque Requena
Gerente General

2-4 Ejercicio de traducción*: Del español al inglés

La empresa donde Ud. trabaja a menudo recibe cartas y documentos importantes o urgentes en español que hay que traducir. Puesto que Ud. conoce ambos idiomas, se le ha pedido que traduzca la carta anterior (Carta modelo 2-2) al inglés, lo cual hace con mucho gusto y esmero.

_____ :

_____

_____

_____

_____

_____

_____

_____

_____

_____

_____

_____

_____

_____

---

*OPCIONAL: 1. Para hacer este ejercicio, sírvase usar algún programa de traducción bilingüe para generar una traducción hecha por computadora. Los pasos serán los siguientes: escribir de nuevo la carta original o usar un escáner para traspasar la copia de la carta a su programa de procesamiento de textos, y luego pasar la carta original por el programa de traducción. ¡OJO! Luego hará falta corregir los errores de la traducción automatizada, importantísima actividad que se llama «posrevisión». 2. Haga una traducción visual de la carta. Es decir, traduzca oralmente el texto escrito.

CARTA MODELO 2-3. CARTA CIRCULAR DE CLAUSURA Y LIQUIDACIÓN

Med-Ex Equipment, Inc.
500 Plymouth Road
Ann Arbor, MI 48109
Tel: (734) 481-3200 Fax: (734) 481-3152
medexequip@aol.com

March 20, 201_

Dr. Blasco Iturbe
Avenida Sorolla, No 212
46958 Valencia, España

Dear Dr. Iturbe:

We regret to inform all shareholders that, on March 5, 201_, in Ann Arbor, Michigan, due to continuous falling sales and takeover attempts, the shareholders of MED-EX EQUIPMENT, INC. have decided to dissolve the company and all its holdings.

The shareholders have charged Mr. Charles Mayo, CPA of Johns and Hopkins Associates, Ltd., with the liquidation of all accounts and with any further concerns you may have. His business and e-mail addresses as well as telephone and fax numbers are indicated below.

We are forwarding you this announcement in compliance with the rules and regulations set forth in Article 3, section 6 of the Michigan Commercial Code. The notice will be published in the appropriate section of the *Ann Arbor News* and the *Wall Street Journal*.

We want to thank you for the loyal support you have shown us and wish you well in your future pursuits.

Cordially,

Louis Salk
Louis Salk
Advisor

Charles Mayo
Johns & Hopkins Associates
150 Fahrenheit Circle
Detroit, MI 48731
Tel: (313) 426-2000; Fax: (313) 426-4357
e-mail: chamay@online.johoas.com

2-5 Ejercicio de traducción*: Del inglés al español

Su jefe/a necesita comunicar pronto el contenido de la carta anterior (2-3) en español y le ha pedido a Ud. que la traduzca, lo cual hace inmediatamente.

_____ :

_____

_____

_____

_____

_____

_____

_____

_____

_____

_____

_____

_____

_____

_____

_____

_____

_____

_____

_____

_____

*OPCIONAL: 1. Para hacer este ejercicio, sírvase usar algún programa de traducción bilingüe para generar una traducción hecha por computadora. Los pasos serán los siguientes: escribir de nuevo la carta original o usar un escáner para traspasar la copia de la carta a su programa de procesamiento de textos, y luego pasar la carta original por el programa de traducción. ¡OJO! Luego hará falta corregir los errores de la traducción automatizada, importantísima actividad que se llama «posrevisión». 2. Haga una traducción visual de la carta. Es decir, traduzca oralmente el texto escrito.

BORRADOR DE CARTA MODELO 2-4. CARTA CIRCULAR DE APERTURA

¡OJO! La siguiente carta tiene errores de tipo gramatical u ortográfico. Usted, como gerente, es la persona que firma la carta y por eso es necesario comprobar que no haya ningún error. Lea la carta cuidadosamente y después haga las correcciones directamente en el texto de la carta, de modo que la versión final se pueda enviar libre de errores al destinatario.

Repuestos Modernos, S.R.L.
Gran Vía 350, No. 3
28014 Madrid, España
Tel:(34-91) 447 3711 Telex: (34-91) 1678 TGR (E)
Repuesmodernos@aol.com

23 de septiembre de 201_

ELLISTON INDUSTRIES
1164 Grant Avenue
Buffalo, New York 14240 (USA)

Distinguidos señores:

Nos complace dirigirse a Ud. con el fin de comunicarles que, a partir de esta fecha, se ha inaugurado la apertura y comienso de actividades de nuestra empresa, REPUESTOS MODERNOS, S.R.L.

Nuestra fábrica tiene una de las sistemas de producción más modernas y rápidas de España así como un afán de producir repuestos para electrodomésticos de cualquier clase. También nuestro personal es lista y dispuesta a suministrar cualesquier deseo y necesidad suyos relacionados a la compraventas de tales mercansías.

Lo ajuntamos un catálogo con la lista de precios de nuestros servicios y esperamos poder atenderle en un futuro próximo.

Quedamos de uds. muy atentamente,

REPUESTOS MODERNOS, S.R.L.

Luis Valle Acosta
Luis Valle Acosta
Gerente General

Anexos: catálogo y lista de precios

LV/fg

2-6 Redacción de cartas

La compañía donde usted trabaja le ha pedido que redacte unas cartas sobre asuntos importantes, cuyas minutas se dan a continuación. Ud. se dedica a la tarea con mucho esmero para despacharla lo antes posible. Dicte o escriba en español una de las siguientes cartas, o ambas, basándose en los siguientes supuestos.

1. *The medical equipment company, MEDEX, Inc. (100 Main Street, Hartford, Connecticut 06112, tel. [203] 478-5000; fax [203] 478-5058; e-mail: pharmaco@aol.com), for whom you are working as an assistant manager of public relations, has just set up a branch office in San Antonio to expand operations in Texas. You have been assigned the task of writing the form letter, informing all area hospitals, clinics, and nursing homes that serve the Spanish-speaking community of the opening of the new branch. As an example, write the letter to Farmacia Rodríguez (2938 Alamo Street, San Antonio, Texas 78265), and mention the following attachments:*
   - *list of products (wheelchairs, walkers, canes, beds, respirators, etc.)*
   - *company catalog and a price list of all products*

2. *The software company MINIBLANDO, Inc. (2500 Alta Vista Dr., Paradise, CA 95967; tel. [530] 142-6100; fax [530] 142-6003; e-mail: minisoft@aol.net) specializes in authoring software packages in various languages, especially Spanish, for the telecommunications industry in Spain and Latin America. It has merged with a larger software company called POLYBLANDO. MINIBLANDO will retain its name and all its employees, but will devote itself strictly to the creation of Spanish software. You have been asked to inform the company's Spanish-speaking customers of this change which also includes changes in addresses, telephone and fax numbers as well as e-mail. Write an appropriate letter, making it clear that the change was not due to poor sales but rather to serve a growing market better. As an example of the personalized form letter, address the latter to Mr. Jaume Ballester, General Manager of DISCOPTICO (Avda. Serrano 35, Barcelona, España).*

DOCUMENTO MODELO 2-1. ESCRITURA DE UNA SOCIEDAD MERCANTIL

La constitución de una sociedad, como queda dicho, requiere que se reúnan los socios o accionistas con un abogado para debatir y redactar los estatutos que la regirán. Se nombra o elige a los gerentes y se organiza la empresa, certificando el acto de constitución de la sociedad al inscribirla en el registro público de comercio.

Escritura de una sociedad mercantil

En la ciudad de Valencia, distrito 2, autonomía de Valencia, Reino de España, ante mí, José Escobar, notario público de esta ciudad, identificado en la Cédula ciudadano No. 24322 de Valencia, comparecieron don Pedro Rodríguez, viudo, mercader, domiciliado en la Calle Don Juan de Austria 28; doña Felipa Gómez, casada, contable, domiciliada en la Calle San Vicente Mártir 36; y don Miguel Altea, soltero, financiero y domiciliado en la Calle Doctor Lluch 201; todos de esta ciudad, mayores de edad, responsables, para declarar que, a mi juicio, han convenido en construir, por medio del presente documento, una sociedad en comandita que se regirá conforme a las siguientes condiciones:

Art. I. Serán los socios de esta sociedad: don Pedro Rodríguez, socio mercader capitalista; doña Felipa Gómez, socia financiera; y don Miguel Altea, socio comanditario.

Art. II. Dicha sociedad comanditaria girará bajo la razón social de Felipa Gómez Asociados y tendrá la sigla de Felipa Gómez Asociados, S. en C. Se domiciliará en la Calle de Xátiva, 24,2º2ª.

Art. III. La sociedad tendrá un capital de treinta y seis mil sesenta (36.060,0) euros aportados por los socios de la siguiente manera: un veinte por ciento (20%) o siete mil doscientos doce (7.212,0) euros, además de su habilidad mercantil, por el socio Pedro Rodríguez; un treinta por ciento (30%) o diez mil ochocientos diez y ocho (10.818,0) euros, además de su pericia contable, por la socia Felipa Gómez; y un cincuenta por ciento (50%) o diez y ocho mil treinta (18.030,0) euros, por el socio Miguel Altea.

Art. IV. La sociedad tendrá como meta principal el asesoramiento y revisión contables en todas sus ramas y aspectos de firmas mercantiles o industriales. Durará diez años.

Art. V. El socio mercader, don Pedro Rodríguez, en su calidad de Gerente General, será principal firmante de la sociedad y su representante oficial en todos los asuntos y operaciones mercantiles.

Art. VI. La socia contable, doña Felipa Gómez, quien se encargará del asesoramiento y revisión contables de la sociedad, también tomará a su cargo la contabilidad y caja social de la empresa e informará cada seis meses del estado financiero de su operación normal.

Art. VII. El socio comanditario, don Miguel Altea, no se ingerirá en los asuntos gerenciales de la sociedad pero tendrá la oportunidad de revisar los libros contables para asegurarse de su operación normal.

Art. VIII. El socio gerente y la socia contable, por los cargos que desempeñarán, tendrán las responsabilidades por las que percibirán un salario mensual de seiscientos (600,0) euros. Además, cada socio, para sufragar los gastos incurridos al desempeñar sus deberes empresariales, podrá valerse de ciento veinte (120,0) euros mensuales.

Art. IX. Al final de cada ejercicio contable, y una vez sufragados los gastos de operación, se liquidarán entre los tres los beneficios restantes iguales al porcentaje del capital aportado por cada socio.

Art. X. Si sucediera cualquier disputa o diferencia de opinión entre los socios, quedaría resuelta por árbitros nombrados por cada uno de ellos, y, en caso de discordia entre los árbitros, por terceros designados por éstos.

Art. XI. Si no se cambiara la fecha de liquidación fijada en el Art. IV, el gerente general procedería inmediatamente a su disolución, abonando en la cuenta corriente de cada socio lo que le corresponde en proporción al capital aportado inicialmente, además de los beneficios divididos según los porcentajes establecidos en el Art. III.

Concluido este acto jurídico al haber cumplido los otorgantes todas las etapas necesarias para la realización legal, incluso el tomar juramento de que todas las declaraciones hechas durante el acto y en esta escritura son las que se han acordado y confirmado, y leído ante los comparecientes y firmado por ellos y los testigos don Pablo Mata, doña Ana Hernández y don Juan García, clientes, doy fe del acto así como mi firma.

Valencia, 12 de febrero de 201__

Pedro Rodríguez (socio)   *Pablo Mata* (testigo)

Felipa Gómez (socio)   *Ana Hernández* (testigo)

Miguel Altea (socio)   *Juan García* (testigo)

José Escobar
Notario Público

2-7 Problema numérico-comercial

Ud. acaba de formar una sociedad de responsabilidad limitada en España con tres amigos. Ud. y dos socios son activos y el cuarto es comanditario. Cada uno de Uds. ha aportado a la empresa las siguientes inversiones de capital:

SOCIO	CAPITAL APORTADO
Ud.	300.000 euros
Socio II	100.000 euros
Socio III	250.000 euros
Socio IV (comanditario)	350.000 euros

Según el contrato de constitución, cada socio recibirá el porcentaje de ganancias o de pérdidas en proporción al porcentaje de su inversión inicial.

Haga los siguientes ejercicios:

1. Calcule la suma de todas las aportaciones hechas por los socios.
2. Calcule el porcentaje de la aportación de cada socio.
3. Si hay una ganancia total de 500.000 euros, calcule la ganancia individual de cada socio.
4. Si hay una pérdida de 2.350.000 euros, calcule las pérdidas de los socios activos en total.
5. ¿Cómo podrían evitar los socios activos las pérdidas sufridas en N° 4 arriba?

2-8 Informe empresarial: Actividad mercantil y electrónica

Al basarse en la información acumulada en las páginas 13–14 (Ejercicio 1-5, partes 1, 2 y 3) del país hispanoparlante que Ud. escogió con su(s) colega(s) para formar su propia empresa, Uds. saben también, sin embargo, que deben tomar varios pasos para realizar estas metas, las cuales se dan a continuación.

1. Decidir la forma jurídica, los objetivos, la actividad (industrial, mercantil, servicios) y la razón social de la compañía.
2. Determinar el número de socios y sus respectivos cargos y responsabilidades.
3. Precisar el capital necesario para poner la empresa en marcha y la cantidad o el porcentaje que aporta cada socio y cómo se van a dividir las ganancias y pérdidas.

Para conseguir esta nueva información que les hace falta a Ud. y su compañero/a, sírvanse de las siguientes sugerencias:

- Navegar por Internet para encontrar la información que les hace falta o buscar los datos en los libros, revistas, etc., en una biblioteca. (Sugerencia: Busquen Uds. en Yahoo en español los descriptores «*Country Commercial Guides*» para ubicar este sitio del Departamento del Estado de EUA. Luego, al entrar en el sitio encontrado, busquen el país hispano que les interese y saquen la información necesaria para formar su propia empresa.)
- También, buscar «Requisitos para crear una empresa en (cualquier país)» u otros sitios en Yahoo en español para investigar las reglas del país de habla española que les interese más.

Una vez conseguida la información necesaria, escriban un breve informe sobre los temas que acaban de indicarse, usando papel con un membrete que han creado. Adjunten una constitución redactada según el Documento modelo 2-1 de este capítulo. Dramaticen o presenten lo acontecido en clase, y expliquen lo qué harán con la compañía en el futuro.

2-9 Ejercicios auditivos al teléfono: La empresa

Pistas
3 y 4

1. Lea las siguientes preguntas. Después escuche atentamente la conversación telefónica del Capítulo 2 que acompaña el programa *Éxito comercial* y contéstelas en oraciones completas. Puesto que la comprensión auditiva es una destreza comunicativa sumamente importante, se recomienda escuchar la conversación varias veces.

   a. ¿Cuál es el tema de esta conversación telefónica?
   b. A su parecer, ¿a qué se debe la diferencia de opinión entre los dos hombres?
   c. ¿En qué quedan ambos comerciantes al despedirse? ¿Por qué no hablan más?
   d. ¿Qué les recomendaría Ud. a los dueños como posible solución al problema?

2. Vuelva a escuchar la conversación y complete las siguientes oraciones con las justificaciones del señor Wines a favor de establecer una sociedad anónima.

   a. Habrá muchas posibilidades de _____, _____ y _____.
   b. Limitará la _____ social.

3. Vuelva a escuchar la conversación telefónica y complete las oraciones con las justificaciones del señor de la Cava a favor de mantener una sociedad colectiva.

   a. Perderán dos cosas muy importantes: _____ y_____.
   b. Ahora los dos socios tienen _____ sobre los negocios, lo que él quiere conservar.
   c. Debido al ambiente familiar ahora, los _____ y el _____ están muy contentos y rinden lo máximo _____.

La gerencia

3-1 Preguntas de orientación

Al hacer la lectura, piense en las respuestas a las siguientes preguntas.

1. ¿Qué elementos se incluyen en un memorándum que anuncia el ascenso de un empleado?
2. ¿Por qué es tan importante el tono de una carta de recomendación?
3. ¿A qué debe limitarse el contenido de una carta de recomendación?
4. ¿Qué tipo de crítica debe evitarse en una carta de recomendación?
5. ¿Qué procedimiento se utiliza a menudo en los países hispanoparlantes para eximir de responsabilidad al informante que escribe una carta de recomendación?

BREVE VOCABULARIO ÚTIL

afán (*m*) • *enthusiasm, eagerness*

ascenso • *promotion*

cambio de dirección • *relocation, change of address*

carrera • *career*

comunicado • *communiqué, communication*
  de prensa • *press release*

desempeño • *performance*

dimisión • *resignation (from a position)*

dimitir • *to resign, step down*

empleado ejemplar • *model employee*

eximir de responsabilidad • *to exempt or free from responsibility*

gerente (*m/f*) • *manager*
  comercial • *business manager*
  general • *general manager*

ligero • *slight, light*

oportuno • *timely*

organigrama (*m*) • *organizational chart*

presidente (*m/f*), presidenta • *chief executive officer (CEO)*

presentar su dimisión • *to turn in one's resignation*

seleccionar a la persona idónea para el puesto • *to choose the right person for the job*

sobresaliente • *outstanding*

vocal (*m/f*) • *director*

volante (*m*) • *leaflet, attached page*

LECTURA

Cartas y comunicados de ascenso y de recomendación

La correspondencia comercial en la que se tratan temas de ascenso y de recomendación generalmente está a cargo de algún supervisor o gerente de medio o alto mando. Este tipo de carta o comunicado se usa tanto en la comunicación interna como en la externa. Es importante prestar debida atención no sólo al contenido sino al tono que se usa, pues en muchos casos el tono revelará el verdadero sentido de las palabras.

Cartas y comunicados de ascenso

El ascenso de un empleado representa una buena noticia y, por ende, es una carta o comunicado fácil y agradable de escribir. Muchas veces los ascensos se comunican primero oralmente en una reunión de personal después de la cual se envía un memorándum a los empleados para comunicar más formalmente la buena noticia. Este memorándum normalmente incluye lo siguiente:

- El nombre de la persona ascendida.
- El título del nuevo puesto que ocupará.
- La fecha en que asumirá sus nuevas responsabilidades (las cuales también se indican).
- Un breve resumen de su carrera dentro de la empresa y antes de venir a trabajar en esta firma.
- Algún toque de tipo personal (referencias a la familia o a los pasatiempos de la persona ascendida).

Frecuentemente en EUA también se hace un comunicado de prensa para difundir aún más amplia y formalmente la noticia en los periódicos locales. Al hacer esto, hace falta ser conciso y preciso, ofreciendo el tipo y estructura de información que buscan los periodistas: quién, qué, dónde, cuándo, cuáles serán las nuevas responsabilidades y qué puesto anterior ocupó el individuo. Estos elementos deberían incorporarse, es decir contestarse, en el comunicado, a sabiendas de que muchas veces la forma del comunicado será editada al aparecer en el periódico.

Por último, es norma escribirle a la persona ascendida una breve carta de felicitación. En ésta se utiliza un tono amistoso y se incluyen detalles tales como el nuevo sueldo y la fecha en la cual se asumen las nuevas responsabilidades.

Cartas de recomendación

Cuando el gerente se ve obligado a escribir una carta de recomendación para un empleado que solicita un puesto en otra empresa, el contenido de tal carta deberá limitarse a los hechos y desempeño profesionales y evitar críticas o quejas de tipo personal. En este tipo de carta es importantísimo el tono, pues revelará si la recomendación es alta o medianamente positiva, o si es ligera o fuertemente negativa. Hace falta usar términos de extrema corrección, haciendo resaltar, sin exagerar, las cualidades positivas del individuo. La carta deberá explicar los méritos y las capacidades profesionales del aspirante, mencionando también su preparación y experiencia, su comportamiento en el trabajo, la seriedad del candidato y, si se quiere, algunas observaciones sobre el carácter moral del individuo. Estas cartas se escriben con el entendimiento de que son altamente confidenciales, para así proteger (o eximir de responsabilidad) al informante. Por esto, es norma en los países hispanoparlantes omitir referencia directa en la carta al nombre del individuo sobre el cual se hace un informe y anotarlo en un volante adjunto.

También es recomendado que el/la solicitante de una carta de recomendación la pida de una persona capaz de escribir una buena carta favorable y que, a consecuencia de esto, no exija acceso a tal carta, sino que se fíe del/de la autor/a de la carta. Se recomienda que el/la solicitante le dé un currículum vitae actualizado a la persona que escribe la carta, además de otra información adicional que le pueda servir para el contenido. Y por último, como señal de cortesía profesional, siempre se pide una carta de recomendación con suficiente anticipación—es muy mala forma esperar hasta el último momento.

3-2 ¿Qué sabe Ud. sobre las cartas y comunicados de ascenso y de recomendación?

Vuelva a las «Preguntas de orientación» que se hicieron al principio del capítulo y ahora contéstelas en oraciones completas en español.

1. _____

2. _____

3. _____

4. _____

5. _____

MEMORÁNDUM MODELO 3-1. ANUNCIO DE ASCENSO

Ud. quiere ampliar su vocabulario y tener mayor variedad de términos para usar al escribir y leer cartas en español. Los siguientes ejercicios sirven para alcanzar esta meta.

DE: María Pilar Núñez, Presidenta   FECHA: 16 junio de 201_

PARA: Personal de GLOBATEC, S.A.

ASUNTO: Ascenso de Enrique Ayala a Director de Ventas, América Latina

Nos place informarles que en la última reunión de la junta de Directores, el día 12 del presente, fue aprobada unánimemente la recomendación de ascender a Enrique Ayala al puesto de Director de Ventas para América Latina de nuestra firma. Enrique Ayala ha trabajado con afán y éxito en nuestra empresa desde 2001, ocupando primero el puesto de agente de ventas locales y luego el de Director de Ventas Nacionales. Antes de trabajar en GLOBATEC, trabajó para la compañía TRASMAR, S.A. Lo felicitamos a él y a su familia—su esposa Isabel y sus dos hijos, Felipe y Susana—por esta feliz noticia para todos nosotros.

3-3 Ejercicios de vocabulario

1. Dé un sinónimo de las siguientes palabras o frases, usando las que están subrayadas en el memorando 3-1 y otras que Ud. conozca.

   a. la empresa _____   **e.** sociedad _____

   b. comunicarles _____   **f.** actual _____

   c. sesión _____   **g.** nos es grato _____

   d. entusiasmo _____   **h.** prestar sus servicios _____

2. Vuelva a escribir el texto del memorando 3-1, reemplazando las palabras subrayadas en el memorándum con las del ejercicio anterior. Haga todos los demás cambios que resulten necesarios.

   _____

   _____

   _____

   _____

   _____

   _____

_____

_____

_____

_____

_____

CARTA MODELO 3-1. CARTA DE SOLICITUD DE ASCENSO

16 de junio de 201_

Sra. María Pilar Núñez,
Presidenta, GLOBATEC, S.A.
Francisco I. Madero 122
Ciudad México, D.F.
MÉXICO

Estimada Sra. Núñez:

Como ya sabe Ud., hace tres años que me encargué de la sección de ventas para América Latina, como parte del Departamento de Ventas que tan dignamente dirige Ud., y hace dos años que logré contratar al mejor equipo de representantes de ventas que jamás haya tenido GLOBATEC. Durante este período se han duplicado las rentas en aquel continente y se han abierto nuevos mercados que han beneficiado a la empresa. En verdad, en una carta personal, Ud. ha declarado que: «Nos ha impresionado tu excelente labor hasta la fecha en GLOBATEC, en especial tu trabajo realizado durante los últimos tres años, años que vieron un importante aumento en el número de nuestros clientes, y sabemos que podemos confiar en tu futura y sobresaliente colaboración.»

Ya que se está para nombrar a un/a nuevo/a Director/a de Ventas Internacionales, y en vista de los anteriores logros y mi constante fidelidad a GLOBATEC, creo que reúno las habilidades y los conocimientos necesarios para ser el candidato idóneo para el trabajo bajo consideración. Espero que en sus reuniones y deliberaciones que usted y los responsables consideren mis esfuerzos y mis éxitos y que me favorezcan con el ascenso al susodicho puesto.

En espera de una pronta respuesta, reciba cordiales saludos de

Enrique Ayala
Enrique Ayala
Director de Ventas Latinoamericanas

3-4 Ejercicio de traducción*: Del español al inglés

La empresa donde Ud. trabaja a menudo recibe cartas y documentos importantes o urgentes en español que hay que traducir. Puesto que Ud. conoce ambos idiomas, se le ha pedido que traduzca la carta anterior (3-1) al inglés, lo cual hace con mucho gusto y esmero.

_____ :

_____

_____

_____

_____

_____

_____

_____

_____

_____

_____

_____

_____

_____

_____

_____

_____

_____

*OPCIONAL: 1. Para hacer este ejercicio, sírvase usar algún programa de traducción bilingüe para generar una traducción hecha por computadora. Los pasos serán los siguientes: escribir de nuevo la carta original o usar un escáner para traspasar la copia de la carta a su programa de procesamiento de textos, y luego pasar la carta original por el programa de traducción. ¡OJO! Luego hará falta corregir los errores de la traducción automatizada, importantísima actividad que se llama posrevisión. 2. Haga una traducción visual de la carta. Es decir, traduzca oralmente el texto escrito.

CARTA MODELO 3-2. CARTA DE RECOMENDACIÓN

March 23, 201_

Mr. Malcolm McCarthy
President
Rutherford Distributors
20 S. Market Street
San Diego, CA 92138

Dear Mr. McCarthy:

Ms. Margaret Steal, our director of human resources for the past six years, has requested a letter of reference, which I am pleased to write on her behalf.

First of all, we are extremely disappointed to lose Ms. Steal's services due to her husband's relocation to Charlotte in January of this year. Her work as personnel director for our company was exceptional. She was responsible for hiring numerous employees who have made significant contributions to our operations, demonstrating consistently her talent for matching the right person with the right job. She also was instrumental in creating and streamlining our HRD policies and regulations as well as our training programs.

If you need a personnel director who is skilled, responsible and who has potential for advancement, I strongly recommend Ms. Steal. You will be most fortunate to have her in your employ.

Sincerely,

Mary Anne Keefer
Mary Anne Keefer
Vice President

3-5 Ejercicio de traducción*: Del inglés al español

Su jefe/a necesita comunicar pronto el contenido de la carta anterior (3-2) en español y le ha pedido a Ud. que la traduzca, lo cual hace inmediatamente.

_____ :

_____

_____

*OPCIONAL: 1. Para hacer este ejercicio, sírvase usar algún programa de traducción bilingüe para generar una traducción hecha por computadora. Los pasos serán los siguientes: escribir de nuevo la carta original o usar un escáner para traspasar la copia de la carta a su programa de procesamiento de textos, y luego pasar la carta original por el programa de traducción. ¡OJO! Luego hará falta corregir los errores de la traducción automatizada, importantísima actividad que se llama «posrevisión». 2. Haga una traducción visual de la carta. Es decir, traduzca oralmente el texto escrito.

BORRADOR DE CARTA MODELO 3-3. RECOMENDACIÓN NEGATIVA

¡OJO! La siguiente carta tiene errores de tipo gramatical u ortográfico. Ud., como gerente, es la persona que firma la carta y por eso es necesario comprobar que no haya ningún error. Lea la carta cuidadosamente y después haga las correcciones directamente en el texto de la carta abajo, de modo que la versión final se pueda enviar libre de errores al destinatario.

Hogarnovo
Avda. de la Reforma 43
Correo Postal 03810 México, D.F.
Tel: (52-55) 5845-6768 Fax: (52-55) 5845-6769
hogarnovo@prodigy.net.mx

15 marzo 201_

DECORCASA
Espronceda, 62-63
12301 Tarragona, España

Señores:

Acuso resibo del presente, en la cual pidan nuestro informe sobre la persona mencionado en el volante ajunto quien prestó sus servicios en nuestra empresa desde a gusto de 201_ hasta junio del mismo. Sintamos no poder facilitarle en esta ocasión una respuesta más detallada sobre el particular, sólo comuincarles que esta persona no supo comportarse profesionalmente tal como habíamos epserado, maniféstandose como un individuo muy desorganisado y de muy difisil trato personal.

Esperamos que la presente se guarde en absoluta reserva. Hasta una mejor ocación en la cual poder servirles, quedamos por Ud. atentamente,

DECORCASA

Ramón Vidal Martí
Ramón Vidal Martí
Gerente

3-6 Redacción de cartas

La compañía donde usted trabaja le ha pedido que redacte unas cartas sobre asuntos importantes, cuyas minutas se dan a continuación. Ud. se dedica a la tarea con mucho esmero para despacharla lo antes posible. Dicte o escriba en español una de las siguientes cartas, o ambas, basándose en los siguientes supuestos.

1. *Llorens Llorens, S.A., requests a letter of recommendation for María Teresa Arjona Gutiérrez, who was in charge of the finance division of this publishing company for six years. Write a positive recommendation to Sr. D. Diego de la Barca (Subdirector General, c/Colón 236, Monterrey, México), stating she was a model employee, extremely organized, and reliable. (Note: Make it a positive and substantive letter of recommendation that you yourself would be happy to receive!)*

2. *VENTAWORLD, S.A. requests a letter of recommendation for Enrique Macías Fernández, who has been with your accounting department for the past seven months. He is applying for the position of regional sales manager in Guadalajara. To the best of your knowledge he has neither the training nor the experience for this position. Communicate your reservations diplomatically to Ms. Teresa Hidalgo Fuentes (Directora, c/Felipe 432, Guadalajara, México).*

DOCUMENTOS MODELO 3-1. EL ORGANIGRAMA

El organigrama es la representación gráfica o esquemática de la estructura administrativa de una empresa. Representa las líneas de mando y la coordinación de distintos niveles y departamentos, como se ve en los ejemplos a continuación.

A. Organigrama genérico con nomenclatura

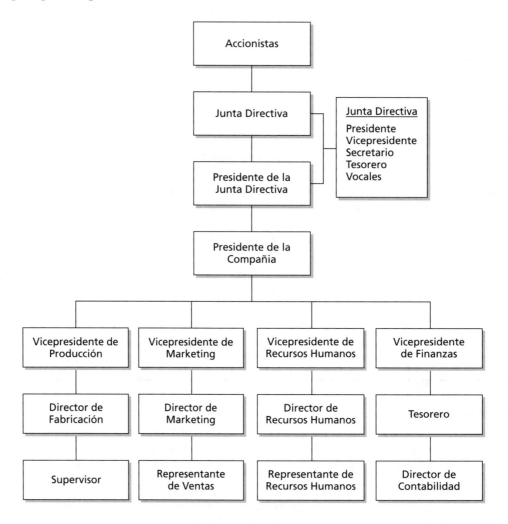

B. Modelo de consejo de administración de un banco

CONSEJO DE ADMINISTRACION	BOARD OF DIRECTORS
Presidente	Chairman
Vicepresidente 1.º	First Deputy Chairman
Vicepresidente 2.º	Second Deputy Chairman
Consejero Secretario	Director and Secretary
Vocales	Directors
Director General	President and Chief Executive Officer
Director General Adjunto	Executive Vice-President General
Secretario General	Secretary
Directores Generales Adjuntos	Executive Vice-Presidents

C. Modelo de dirección de un banco

DIRECCION	MANAGEMENT
Dirección General	President and Chief Executive Officer
Direcciones Generales Adjuntas	Executive Vice-Presidents
Direcciones Adjuntas	Senior Vice-Presidents
Subdirecciones Generales	General Managers
Subdirecciones	Deputy General Managers
Subdirecciones Adjuntas	Assistant General Managers
Gerencias Delegaciones Generales	Senior Managers
Departamentos	Departmental Managers

3-7 Problema numérico-comercial

Ud. acaba de ascender al puesto de asesor del departamento de contabilidad en una empresa mexicana de cemento en Estados Unidos a consecuencia de una fusión de empresas. Además, se le va a trasladar a Ud. a la casa matriz en México para desempeñar importantes funciones. Para recompensarle a Ud. por el traslado, se le va a ofrecer un nuevo sueldo de $200,000 pesos mexicanos (MXN) más una bonificación del 25%, y se le va a ofrecer una subvención de $50,000 (MXN) para la vivienda, más los gastos de mudanza, es decir, otros $20,000 (MXN).

    Haga los siguientes ejercicios:

1. Si Ud. va a quedarse dos años, ¿qué sueldo ganará Ud. anualmente? ¿Qué sueldo total?
2. ¿Cuánto tendrá que pagar la compañía para enviarle a Ud. a México por dos años?

3-8 Informe empresarial: Actividad mercantil y electrónica

El/la presidente/a de la empresa donde Ud. trabaja les pide a Ud. y dos colegas diseñar el organigrama de la compañía. Este debe incluir el alto, medio y bajo mando con una explicación en forma narrativa de las responsabilidades de cada gerente/a y el número de empleados bajo la dirección de cada uno/a. Como Uds. nunca han emprendido un trabajo como éste, deciden hacer lo siguiente:

1. Buscar en Internet buenos ejemplos de organigramas de sociedades anónimas (y su dirección electrónica) de cualquier país hispanohablante.
2. Una vez conseguidos los organigramas, Ud. y sus colegas tratan de decidir cuál les conviene de modelo para su compañía. Cada persona diseña su propio organigrama y, después, se reúnen para charlar sobre cuál o qué combinación de ellos representa mejor a la empresa. Luego, los tres se reúnen para diseñar el organigrama final.

Para terminar, hagan un informe oral en clase que enseña y explica tanto la estructura del organigrama como el proceso utilizado para prepararlo.

Prefacio: _____

_____

_____

_____

_____

_____

3-9 Ejercicios auditivos al teléfono: La gerencia

Pistas
5 y 6

1. Lea las siguientes preguntas. Despúes escuche atentamente la conversación telefónica del Capítulo 3 que acompaña el programa *Éxito comercial* y contéstelas en oraciones completas. Puesto que la comprensión auditiva es una destreza comunicativa sumamente importante, se recomienda escuchar la conversación varias veces.

   a. ¿Por qué llama Michael Patrón a Germán Gestor?
   b. ¿Qué le explica el Sr. Gestor al Sr. Patrón?
   c. ¿De qué se queja el Sr. Patrón?
   d. ¿Qué espera el Sr. Patrón del Sr. Gestor? ¿Éste lo puede hacer?
   e. ¿Qué les recomendaría Ud. a Patrón y Gestor para solucionar el problema?

2. Vuelva a escuchar la conversación y complete las siguientes oraciones con las quejas de Patrón sobre las operaciones de la maquiladora de Fénix en Reynosa, México.

   a. Ha bajado _____ de la fábrica.

   b. Los obreros _____ a las cuotas de producción.

   c. También se oponen a la nueva _____.

3. Vuelva a escuchar la conversación y complete las siguientes oraciones con los resultados negativos de la nueva política implantada en la fábrica que fueron mencionados por el Sr. Gestor.

   a. A los obreros les parecen _____ las nuevas cuotas de producción.

   b. Se les paga _____ a los obreros, pero no es suficiente para estar fuera de casa tanto.

   c. Debido a la nueva política de _____, le obedecen menos al señor Gestor.

La banca y la contabilidad

4-1 **Preguntas de orientación**

Al hacer la lectura, piense en las respuestas a las siguientes preguntas.

1. ¿Cuáles son algunos de los servicios que ofrecen los bancos?
2. ¿Qué es una carta de solicitud de crédito y cuándo se redacta?
3. ¿Qué cartas pueden redactarse para responder a la carta de solicitud de crédito?
4. ¿Qué es un cheque y cuáles son sus diferentes clases y requisitos?
5. ¿Qué es un pagaré?

BREVE VOCABULARIO ÚTIL

a la vista • *at sight, upon presentation*
activo • *asset*
ahorros • *savings*
boleta de depósito • *deposit slip*
carta • *letter*
    de concesión de crédito • *letter approving credit*
    de denegación de crédito • *letter denying credit*
    de solicitud de crédito • *letter requesting credit*
cheque (*m*) • *check*
crediticio (*adj*) • *credit*
ejercicio • *fiscal year or accounting period statement*
endosante (*m/f*) • *endorser*
endosar • *to endorse*
endosatario • *endorsee*
fono (teléfono) • *telephone*
girado • *drawee*
girador/a • *drawer*

hipotecario • *mortgage*
librado • *drawee*
librador/a • *drawer*
mutuante (*m/f*) • *lender*
mutuatario • *borrower*
pagaré (*m*) • *promissory note, I.O.U.*
pasivo • *liability*
plaza • *location*
portador/a • *bearer*
prestador/a • *lender*
prestamista (*m/f*) • *lender*
préstamo • *loan*
prestatario • *borrower*
rédito • *rate of return or yield*
solicitante (*m/f*) • *applicant*
suscriptor/a • *lender*
tasa • *rate (of interest accrued)*
tenedor/a • *bearer*
tomador/a • *bearer*

LECTURA

Transacciones bancarias

Para realizar muchas transacciones mercantiles y financieras tanto nacionales como internacionales, los comerciantes, industrialistas, gerentes y otras personas de negocios tienen que valerse de los servicios bancarios y contables. Muy a menudo, estos servicios se prestan mediante la emisión, redacción o despacho de varios instrumentos o documentos bancarios o contables.

Los servicios bancarios más comunes son los que se relacionan con el crédito y los préstamos, los depósitos, las cuentas corrientes y las de ahorros, las transferencias, los giros, el cambio de moneda extranjera, los certificados de depósito y, por supuesto, la emisión del dinero mismo. Estas actividades las realizan varios tipos de bancos según su especialidad: comerciales, crediticios, hipotecarios, industriales y fiduciarios, así como los de ahorros y préstamos. En la mayoría de los casos, requieren la redacción y envío o emisión de alguna carta, instrumento u otro documento. Uno de los documentos bancarios más típicos es la carta de solicitud de crédito. En ésta se pide un crédito o préstamo a un banco para realizar algún objetivo financiero, mercantil o industrial. Precisa la cantidad solicitada, el propósito y el modo de pagar el préstamo y viene acompañada de referencias mercantiles o bancarias así como, a menudo, del estado financiero del prestatario. Si se verifica que éste es solvente, se suele otorgar el crédito. Si no, se suele denegar. En ambos casos, las cartas son cordiales y justifican la concesión o la denegación de crédito. Además, precisan las condiciones de concesión o indican, según el caso, la posibilidad de conseguir una aprobación futura.

Documentos bancarios

1. **El cheque.** Un cheque es una orden de pago a la vista, impresa y girada contra fondos bancarios. Comprende la participación de tres personas o entidades: el librador o girador, la persona (cuentacorrentista o cuentahabiente) que libra o gira el cheque, es decir, la persona que autoriza el pago del importe señalado en el cheque; el librado o girado, o sea, el banco (u otra institución financiera o crediticia) que libra o paga los fondos de la cuenta corriente del librador o girador; y el tenedor o tomador, la persona a quien se libra o gira el cheque, es decir, la persona (el endosante) que puede cobrar el importe señalado al endosar el cheque. Hay varias clases de cheques:

   nominativo (el que lleva el nombre del tenedor)

   al portador o a la orden (el que es pagadero a cualquier persona que lo presente para cobrar)

   bancario (el que gira un banco a otro).

   Cada clase de cheque suele incluir:

   - nombre y, a veces, la dirección y teléfono del librador.
   - número y fecha del cheque.
   - membrete del librado o banco.
   - la expresión «PÁGUESE A LA ORDEN DE...».
   - el importe en cifras y en letras.
   - número que el banco ha asignado a la cuenta corriente.
   - el nombre del tenedor.
   - la firma del librador.

Beneficiario
(tenedor, portador
o tomador)

Luego se convierte en
endosante

5 de octubre de 201_

Páguese a la orden de: _____ Raúl Ballester Goicoechea _____

La suma de: _____ Quinientos euros _____ 500,00

**BANCO
DE GRANDES PAGOS**

Xiomara Vilá González

Librado o girado

Librador o girador
(cuentacorrentista)

Para cobrar el importe del cheque es necesario endosarlo, lo cual se efectúa al firmar el endosante al dorso del cheque. El/La endosante también puede autorizar que se pague el importe a otra persona, el/la endosatario/a.

2. **La boleta de depósito.** En general, las boletas de depósito sirven para depositar dinero en efectivo o cheques en las cuentas bancarias.

3. **El pagaré.** Es un documento, normalmente impreso, que indica la promesa incondicional de pagar cierta cantidad de dinero prestado en un plazo de tiempo fijo o para una fecha previamente acordada, a cierto rédito o tasa de interés. Las partes o personas involucradas en esta transacción, cuyos nombres aparecen en el pagaré, son: el/la solicitante, también llamado/a suscriptor/a, o sea, la persona que remite o gira el pagaré; el librador o mutuante, quien paga el importe; y el tenedor o mutuatario, el que cobra o recibe el importe. El pagaré también se puede pagar (endosar) a una tercera persona (el/la endosatario/a) y a veces sirve de alternativa al cheque como documento de pago.

4-2 ¿Que sabe Ud. sobre las cartas y los documentos bancarios?

Vuelva a las «Preguntas de orientación» que se hicieron al principio del capítulo y ahora contéstelas en oraciones completas en español.

1. _____

_____

_____

2. _____

_____

_____

3. _____

_____

_____

4. _____

_____

_____

5. _____

_____

_____

CARTA MODELO 4-1. CARTA DE SOLICITUD DE CRÉDITO

Ud. quiere ampliar su vocabulario y tener mayor variedad de términos para usar al escribir y leer cartas en español. Los siguientes ejercicios sirven para alcanzar esta meta.

Productos Cafeteros Sánchez, S. en C.
7 Avenida 2-13, Zona 4
Ciudad de Guatemala, Guatemala
Tel: (502) 2405 1357 Fax: (502) 2405 1358
procafeterosanchez@guate.com

21 de enero de 201_

BANCO INTERCONTINENTAL DE DESARROLLO
234 Avenue D, NW
Washington, D.C. 20577

Estimados señores:

Por medio de la presente solicitamos un préstamo de $1,000,000 (EUA) a nombre de nuestra sociedad para fines de noviembre del año en curso, para comprar cinco tractores ACME X-13.

Adjuntamos el formulario que Uds. nos enviaron, así como una lista de referencias financieras. También incluimos copia de nuestro último estado financiero.

En espera de una pronta respuesta a nuestra solicitud, en la cual nos precisen los requisitos de reembolso, quedamos de Uds. muy atentamente,

PRODUCTOS CAFETEROS SÁNCHEZ, S. EN C.

Francisco Ríos Osorio
Francisco Ríos Osorio
Gerente General

Anexos: un estado financiero y una lista de referencias

FRO/ms

4-3 Ejercicios de vocabulario

1. Dé un sinónimo de las siguientes palabras o frases, usando las que están subrayadas en la Carta 4-1 y otras que Ud. conozca.

   a. las condiciones de pago _____   e. pedimos _____

   b. incluimos _____   f. de 201_ _____

   c. crédito _____   g. distinguidos _____

   d. petición _____   h. estado de situación _____

2. Vuelva a escribir el texto de la Carta 4-1, reemplazando las palabras subrayadas en la carta con las del ejercicio anterior. Haga todos los demás cambios que resulten necesarios.

_____

_____

_____

_____

_____

_____

_____

_____

_____

_____

_____

_____

_____

_____

_____

_____

_____

CARTA MODELO 4-2. CARTA DE CONCESIÓN DE CRÉDITO

Banco Central de Integración Económica
Boulevard Suyapá
Tegucigalpa, Honduras
Tel.: (504) 2 28-2233 Fax: (504) 2 28-2183
webmail-hn@bcie.org

10 de febrero de 201_

Sr. Francisco Ríos Osorio
Gerente General
PRODUCTOS CAFETEROS SÁNCHEZ, S. en C.
7 Avda. 2-13, Zona 4
Ciudad de Guatemala, Guatemala

Distinguido Sr. Ríos Osorio:

Le agradecemos su atenta del mes p.pdo.* en la cual su empresa solicita un crédito por $1,000,000** USD (un millón de dólares) para comprar nuevos tractores. Tenemos el gusto de notificarle que aceptamos sus referencias bancarias y empresariales y que le concedemos tal cantidad.

Esta concesión de crédito se autoriza con las siguientes condiciones de pago: $450,000 (cuatrocientos cincuenta mil dólares, EUA) pgdros. en un pagaré a 60 d/v., y $550,000 (quinientos cincuenta mil dólares, EUA) pgdros. en un pagaré a 90 d/v., más el rédito de 20% sobre la cantidad del título de crédito si se retrasa en los pagos.

En espera de que estas condiciones sean satisfactorias y de recibir su pronta respuesta, quedo de Ud. muy atentamente,

Jon A. Merriweather
Jon A. Merriweather
Vicepresidente, Préstamos Internacionales

JAM/pr

Conteste la siguiente pregunta.

¿Cuánto sería el rédito en dólares que tiene que pagar el Sr. Osorio si se retrasa en los pagos?

_____

_____

_____

* Para una explicación de ésta y otras siglas usadas en este manual, véase Apéndice 1 al final del mismo.

** No se olviden de las reglas con respecto a los números, que se han explicado en el Capítulo 1 del presente cuaderno.

4-4 Ejercicio de traducción*: Del español al inglés

La empresa donde Ud. trabaja a menudo recibe cartas y documentos importantes o urgentes en español que hay que traducir. Puesto que Ud. conoce ambos idiomas, se le ha pedido que traduzca la Carta 4-2 al inglés, lo cual hace con mucho gusto y esmero.

_____ :

_____

_____

_____

_____

_____

_____

_____

_____

_____

_____

_____

_____

_____

_____

_____

_____ ,

_____

*OPCIONAL: 1. Para hacer este ejercicio, sírvase usar algún programa de traducción bilingüe para generar una traducción hecha por computadora. Los pasos serán los siguientes: escribir de nuevo la carta original o usar un escáner para traspasar la copia de la carta a su programa de procesamiento de textos, y luego pasar la carta original por el programa de traducción. ¡OJO! Luego hará falta corregir los errores de la traducción automatizada, importantísima actividad que se llama «posrevisión». 2. Haga una traducción visual de la carta. Es decir, traduzca oralmente el texto escrito.

CARTA MODELO 4-3. CARTA DE DENEGACIÓN DE CRÉDITO

Banco Central de Integración Económica
Blvd. Suyapá
Tegucigalpa, Honduras
Tel: (504) 2 28-2233 Fax: (504) 2 28-2183
webmail-hn@bcie.org

October 22, 201_

Sr. Francisco Ríos Osorio
General Manager
PRODUCTOS CAFETEROS SÁNCHEZ, S. en C.
7 Avda. 2-13, Zona 4
Ciudad de Guatemala, Guatemala

Dear Mr. Ríos Osorio:

We are in receipt of your letter of May 10th requesting a line of credit of $1,000,000 U.S. (one million dollars) to purchase new farm equipment.

We regret to advise you that, notwithstanding your positive financial position, our current bank policy does not permit us to grant loans greater than $300,000 U.S. (three hundred thousand dollars) on open account. We can only accept letters of credit.

We regret the impact of this current policy and apologize for any inconvenience it may cause you. Hoping to serve you in the near future, I remain

Cordially yours,

Jon A. Merriweather
Jon A. Merriweather
Manager, Credit Dept.

JAM/pr

4-5 Ejercicio de traducción*: Del inglés al español

Su jefe/a necesita comunicar pronto el contenido de la Carta 4-3 en español y le ha pedido a Ud. que la traduzca, lo cual hace inmediatamente.

_____ :

_____

_____

_____

_____

_____

_____

_____

_____

_____

_____

_____

_____

_____

_____ .

---

*OPCIONAL: 1. Para hacer este ejercicio, sírvase usar algún programa de traducción bilingüe para generar una traducción hecha por computadora. Los pasos serán los siguientes: escribir de nuevo la carta original o usar un escáner para traspasar la copia de la carta a su programa de procesamiento de textos, y luego pasar la carta original por el programa de traducción. ¡OJO! Luego hará falta corregir los errores de la traducción automatizada, importantísima actividad que se llama «posrevisión». 2. Haga una traducción visual de la carta. Es decir, traduzca oralmente el texto escrito.

BORRADOR DE CARTA MODELO 4-4.
CARTA DE SOLICITUD DE CRÉDITO

¡OJO! La siguiente carta tiene errores de tipo gramatical u ortográfico. Ud., como gerente, es la persona que firma la carta y por eso es necesario comprobar que no haya ningún error. Lea la carta cuidadosamente y después haga las correcciones directamente en el texto de la carta que aparece abajo, de modo que la versión final se pueda enviar libre de errores al destinatario.

Productos Cafeteros Sánchez, S. En C.
7 Avda. 2-13, Zona 4
Ciudad de Guatemala, Guatemala
Tel: (502) 2405 1357 Fax: (502) 2405 1358
procafeterosanchez@guate.com

3 de noviembre de 201_

ACME, Inc.
880 Wabash Street
Chicago, Illinois 60605

Muy señores míos:

Le envio esta misiva por pedir que la concede a nuestra firma una línea de crédito por comprar dos tractores ACME 13.

Por despachar la investigación de nuestra situación creditisia, adjuntamos nuestro último estado financial, además de una lista de referencias comerciales: dos gerentes, que sean de suma confianza, y el vicepresidente de nuestro vanco. Esperamos que ellos pueden verificar nuestro estado financial favorable.

En esperanza de que tus investigaciones favorecen nuestra petición y resultan en el comienzo de unas largas y fructíferas relaciones comerciales, los saludemos a Uds. muy atentamente,

PRODUCTOS CAFETEROS SÁNCHEZ, S. EN C.

Fernando Ríos Osorio
Fernando Ríos Osorio
Gerente General

Anexos: un estado financiero y una lista de referencias

FRO/ms

4-6 Redacción de cartas

La compañía donde usted trabaja le ha pedido que redacte unas cartas sobre asuntos importantes y cuyas minutas se dan a continuación. Ud. se dedica a la tarea con mucho esmero para despacharla lo antes posible. Dicte o escriba en español una de las siguientes cartas, o ambas, basándose en los siguientes supuestos.

1. *BIG BANK, INC., for which you are credit manager, has received from ALIMENTOS FERNÁNDEZ, S.R.L., a letter requesting a credit of $500,000 (USA). ALIMENTOS sells a variety of Hispanic products, especially coffee and tropical fruits, and wants to open several outlets in the U.S., primarily in your area. The company has attached a financial statement and a list of commercial references. After investigating the company and finding it solvent, you write a letter granting credit. Include the following information:*

   - *Addresser: Big Bank, Inc., 200 Park Place, New York, N.Y., 10007; Tel: (212) 555-2000; Fax: (212) 687- 2093; e-mail: bigbank@aol.com*
   - *Addressee: ALIMENTOS FERNÁNDEZ, S. R. L., 8ª Calle, No. 1220, Tegucigalpa, Honduras*
   - *Conditions: $150,000 (USA), payable by bank draft in 60 days and $350,000 (USA), payable by bank draft in 120 days*

2. *The company, MONROE'S APPLIANCES, Inc. for whom you are the assistant manager of credit, has just received from TIENDAS MUÑIZ, S.A., a company located in Guatemala City, a letter seeking a line of credit of $225,000 (USA) to buy several of MONROE'S products. Although the Guatemalan company enjoys a good credit rating in its country, MONROE'S sales policy only permits a maximum credit of $150,000 (USA), and then only after paying the first order by letter of credit. Write explaining MONROE'S policy and include the following information:*

   - *Addresser: MONROE'S APPLIANCES, Inc., 1200 Niles, Skokie, Illinois, 60076; Tel: (312) 555-4000; Fax: (312) 287-4250; e-mail: monroapp@2ol.com*
   - *Addressee: Srta. María Fernández, Gerente de Compras, TIENDAS MUÑIZ, S.A., Avda. de la Paz 36, Ciudad de Guatemala, Guatemala*

DOCUMENTO MODELO 4-1. EL CHEQUE

Cheque No.	48XL3
Importe $	4.994,00
Fecha	30/mar/200_
Páguese a la orden de	Prod. Cafe. Sánchez
Depósito 1	
Depósito 2	
Otro cargo	
Valor cheque	4.994,00

No. _48XL3_

Av. Central
Santiago, Chile

$ _____4.994,00_____

_____30 de marzo de 201___

Páguese a
la orden de _Productos Cafeteros Sánchez_

la suma de _Cuatro mil novecientos noventa y cuatro dólares_

Big Bank *

Pablo Santoyo

40000 30000 20000 50000

4-7 Ejercicio: El cheque

Con los siguientes datos, complete el cheque modelo que aparece a continuación.

Fecha: La de hoy   Número del cheque: 3289
Giradora: María Josefina Torres   Tenedor: Hnos. Torres, S.A.
Importe: 1.000.500,00 pesos chilenos

Cheque No.	
Importe $	
Fecha	
Páguese a la orden de	
Depósito 1	
Depósito 2	
Otro cargo	
Valor cheque	

No. _____

Av. Central
Santiago, Chile

$ _____

_____

Páguese a
la orden de _____

la suma de _____

Big Bank *

_____

40000 30000 20000 50000

DOCUMENTO MODELO 4-2. LA BOLETA DE DEPÓSITO

BOLETA DE DEPÓSITO

CUENTA: CORRIENTE ☐   AHORRO ☒

No. *8748*

OFICINA DESTINO   *Santiago*

NOMBRE DEL TITULAR:

José Euskadi

FONO DEPOSITANTE:*   *4875252*

FECHA: *22/3/1_*

B̶C BANCO DE COLROB

SÓLO MARQUE UN CASILLERO POR BOLETA

☒ EFECTIVO			82.287
Cheques y documentos	Banco	Plaza	Pesos
☐ BCO. COLROB ESTA PLAZA			
☐ BCO. COLROB OTRAS PLAZAS			
☐ OTROS BANCOS ESTA PLAZA			
☐ OTROS BANCOS OTRAS PLAZAS			
☐ VALES CHEQ. FISCALES ESTA PLAZA			
No. Documentos		TOTAL DEPÓSITO	82.287

4-8 Ejercicio: La boleta de depósito

La compañía Doyle Supplies, S.R.L., deposita en su cuenta corriente número 0-714876-00-8 del Banco de Colrob, de Santiago de Chile, la cantidad de cuatro millones trescientos ochenta y cinco mil quinientos ($4.385.500) pesos chilenos recibidos de la compañía Sartén y Asociados, Ltda., en forma de un cheque girado por el mismo banco para pagar dos computadoras de marca IMB. Llene el siguiente formulario al añadir cualquier dato que sea necesario.

BOLETA DE DEPÓSITO

CUENTA: CORRIENTE ☐   AHORRO ☐

No.

OFICINA DESTINO

NOMBRE DEL TITULAR:

_____

FONO DEPOSITANTE: _____

FECHA: _____

B̶C BANCO DE COLROB

SÓLO MARQUE UN CASILLERO POR BOLETA

☐ EFECTIVO			
Cheques y documentos	Banco	Plaza	Pesos
☐ BCO. COLROB ESTA PLAZA			
☐ BCO. COLROB OTRAS PLAZAS			
☐ OTROS BANCOS ESTA PLAZA			
☐ OTROS BANCOS OTRAS PLAZAS			
☐ VALES CHEQ. FISCALES ESTA PLAZA			
No. Documentos		TOTAL DEPÓSITO	

*NOTA: El fono depositante es el número de teléfono del cuentacorrentista, que en Chile suele llevar siete números.

DOCUMENTO MODELO 4-3. EL PAGARÉ

Núm ___21___ Por __$3,000__ qtzl.

Debo(emos) y pagaré(emos) incondicionalmente, el día _____13 de septiembre_____ de 201_ en Ciudad de Guatemala a la orden de __Roberto Arias__ (tenedor/mutuatario) la cantidad de _____tres mil_____ quetzales, valor recibido a mi (nuestra) completa satisfacción.

Queda acordado que, en caso de demora, el presente título causará un interés del _20%_ mensual hasta su total vencimiento, sin que por ello se considere aplazado el término.

La falta de cumplimiento en el pago total de este pagaré, dará lugar a que el tenedor pueda exigir el pago del importe y los intereses inmediatamente sin necesidad de previo aviso ni requerimiento alguno.

_Sr. Pedro Urrutia_____ (librador/mutuante)   Ciudad de Guatemala, 6 de marzo de 201_
_Avda. Bolívar 67_____
_Ciudad de Guatemala_____   _____Gerardo de Montero_____ (solicitante)

Sr. Gerardo de Montero

4-9 Ejercicio: El pagaré

Complete el pagaré a continuación con los siguientes datos.

Fecha y lugar de vencimiento: 15 de noviembre de 201_, Tegucigalpa
Importe: 4,500 lempiras (HNL)
Mutuario: Terencio Valdés
Mutuante: Josefina Marcos Collado, Calle Flor, 7. San Pedro Sula, Honduras
Interés: 15% anual

Núm. _____   Por _____ lemp.

Debo(emos) y pagaré(emos) incondicionalmente, el día _____ de 201_ en _____
a la orden de _____ (tenedor/mutuatario) la cantidad de _____ lempiras, valor recibido a mi (nuestra) completa satisfacción.

Queda acordado que, en caso de demora, el presente título causará un interés del _____ mensual hasta su total vencimiento, sin que por ello se considere aplazado el término.

La falta de cumplimiento en el pago total de este pagaré, dará lugar a que el tenedor pueda exigir el pago del importe y los intereses inmediatamente sin necesidad de previo aviso ni requerimiento alguno.

_____   Tegucigalpa, 6 de marzo de 201_

_____

_____   _____

4-10 Problema numérico-comercial

La compañía GUATEDATOS, empresa guatemalteca ubicada en la Ciudad de Guatemala que vende programas de computadoras y tiene un negocio en participación con una compañía estadounidense, quiere vender sus productos a otros países centroamericanos, pero necesita capital. Como empleado/a de la sección financiera de la firma estadounidense, se le encarga a Ud. ayudar a la firma guatemalteca a conseguir el dinero en quetzales del Banco Interamericano de Desarrollo en Guatemala. Después de unas largas negociaciones, Ud. obtiene dos préstamos, es decir, unos pagarés, cuyos importes, tipos de interés y términos (plazos de tiempo), se indican a continuación.

IMPORTE	TIPO DE INTERÉS	PLAZO	VALOR TOTAL PRÉSTAMO
$100,000	14%	3 años	
$175,000	17%	4 años	

Haga los siguientes ejercicios:

1. Calcule el interés simple anual de cada préstamo.
2. Calcule el interés total que se cargará a los préstamos al vencer el término de cada uno.
3. Calcule el importe total de cada préstamo (importe original de cada uno más el interés total de cada uno). ¿Cuánto sería el gran total debido de los dos préstamos al final de los plazos de tiempo?
4. ¿Cuánto debería la compañía en total si se pagaran los dos préstamos después de 20 meses?

4-11 Informe empresarial: Actividad mercantil y electrónica

Después de constituir su propia empresa y de nombrar a los socios y directores, usted y sus compañeros quieren ponerla en marcha. Para hacer esto, tienen que preparar un presupuesto que nombre los artículos y demás recursos, tanto humanos como materiales, que les hacen falta. Un modelo presupuestario para una compañía de producción sigue para servirles de guía.

Compañía USMEX
(Presupuesto empresarial en dólares al constituirse, año fiscal 201_)

Artículo/Recurso
Coste/Precio

Máquinas y otro equipo	$30,000
Efectos de oficina	5,000
Materiales de producción	60,000
Edificio	85,000
Gastos de personal (pagos, beneficios, etc.)	100,000
Gastos de oficina (teléfono, luz, agua, etc.)	5,000
Gastos de producción	90,000
Gastos de marketing	25,000
TOTAL	$400,000

Una vez redactado el presupuesto, revísenlo para ver si les falta dinero. (No se olviden de que, al constituir la empresa, ustedes aportaron algunos fondos personales para fundarla). Si falta dinero, investiguen las posibles fuentes de capital y preparen una carta para pedir una línea de crédito o un préstamo a un banco u otra institución financiera semejante por la cantidad que necesiten. (Como parte de esta actividad, busquen en Internet el nombre de un banco auténtico del cual se podría solicitar un posible préstamo si fuera necesario.) Luego, envíen la carta a un compañero de clase por correo electrónico. Den un informe oral en clase sobre lo acontecido y lo que han redactado, y contesten las preguntas de sus compañeros.

Pistas
7 y 8

4-12 Ejercicios auditivos al teléfono: La banca y la contabilidad

1. Lea las siguientes preguntas. Después escuche atentamente la conversación telefónica del Capítulo 4 que acompaña el programa *Éxito comercial* y contéstelas en oraciones completas. Puesto que la comprensión auditiva es una destreza comunicativa sumamente importante, se recomienda escuchar la conversación varias veces.

   a. ¿Por qué llama Tom Cash a Justo Librado?
   b. ¿Por qué no ha solventado el Sr. Librado la cuenta que tiene con Agromec?
   c. ¿Qué le propone el Sr. Librado al Sr. Cash? ¿Ofrece alguna garantía?
   d. ¿Qué pueden hacer los Sres. Cash y Librado para solucionar el problema de la cuenta morosa?

2. Vuelva a escuchar la conversación y complete las oraciones con la justificación del Sr. Librado por no haber remitido el último pago.

   a. Están pasando mala _____ en el negocio Amerind.

   b. Necesitan más tiempo y por eso les hace falta _____ el pago.

   c. La situación financiera se ha empeorado y no tienen _____ para pagar lo debido.

3. Vuelva a escuchar la conversación y complete las siguientes oraciones con las reacciones del Sr. Cash a la situación del Sr. Librado y su empresa.

   a. Han pasado los 90 _____ concedidos.

   b. Entiende la situación de Amerind pero Agromec tiene _____ que le piden dinero.

   c. Va a pensar en unas nuevas _____ para solucionar el problema.

Los bienes raíces y el equipo

5-1 **Preguntas de orientación**

Al hacer la lectura, piense en las respuestas a las siguientes preguntas.

1. ¿Qué tipo de inversión representa la compraventa o el arrendamiento de una finca urbana?
2. ¿Qué documento se puede conseguir en un estanco español?
3. ¿Qué tipos de riesgos se pueden asegurar con una póliza de seguros?
4. ¿Sobre qué temas puede tratarse la correspondencia típica relacionada con el arrendamiento de un local?

BREVE VOCABULARIO ÚTIL

aplazamiento • *postponement, deferment*

arrendador/a • *lessor, landlord, renter (one who gives the apartment to rent)*

arrendamiento • *lease, rent*

arrendatario • *lessee, tenant, renter (one who takes the apartment to rent)*

asegurado • *insured*

avería • *breakdown, damage*

a vuelta de correo • *by return mail*

bonificaciones • *discounts, reductions*

caldera • *boiler*

climatización • *air-conditioning*

colindante (adj) • *adjoining, adjacent*

continente (m) • *building*

corredor/a • *broker, agent*

derecho • *fee*

despacho • *office*

dispositivo • *device*

emplazamiento • *location*

estanco • *state tobacco shop (where they sell stamps, bills of exchange, and contracts for property rental)*

expoliación • *plunder, theft*

finca urbana • *building*

inquilino • *lessee, tenant, renter (one who takes the apartment to rent)*

letra de cambio • *bill of exchange*

local (m) • *premises*

mutua de seguros (f) • *mutual insurance company*

oficina • *office building*

pagadero • *payable*

pararrayos (m/s/pl) • *lightning rod*

parte (f) • *party (to a contract)*

particular • *private*

pericia • *expertise*

plazo (de tiempo) • *time period, deadline*

póliza de seguros • *insurance policy*

prima • *premium*

prórroga • *extension, deferment*

responsabilidad civil • *civil or public liability*

talón (m) • *check (Spain), stub*

vencer • *to expire, be due for payment, reach a closing date*

vencimiento • *expiration, due date, closing date*

vivienda • *dwelling*

LECTURA

Cartas y documentos relacionados con el arrendamiento y los seguros de una finca urbana o de un local de negocios

La decisión de comprar o arrendar una finca urbana, es decir, un edificio o una parte del mismo, generalmente representa una inversión de capital a largo plazo. Para tramitar la compraventa o el arrendamiento de un local, es común acudir a una agencia de bienes raíces o inmuebles para utilizar la pericia de un corredor cuya función es reunir a compradores (o arrendatarios o inquilinos) con vendedores (o arrendadores). También se puede arreglar el contrato de compraventa o de arrendamiento directamente entre las partes interesadas. En España, por ejemplo, se consigue fácilmente un CONTRATO DE ARRENDAMIENTO DE FINCAS URBANAS en un estanco haciendo un pago mínimo (derechos del estado) por el documento oficial del contrato a tramitar.

Dado que la compra o el arrendamiento de un edificio representa una inversión considerable, otro contrato importante es el de los seguros, los cuales, por una prima (precio del seguro), protegen la inversión. Hay muchas clases de seguros cuyas pólizas protegen al asegurado contra toda clase de riesgos, tales como incendios, responsabilidad civil, robos, actos vandálicos, daños causados por aguas, roturas de vidrios y cristales y averías de equipos electrónicos.

Es norma en un contrato de arrendamiento que el arrendatario le pague al arrendador mensualmente, por ejemplo, al principio de cada mes. Este pago suele hacerse por talón (cheque) o por letra de cambio, muchas veces depositando el importe debido directamente en una cuenta bancaria del arrendador. La correspondencia típica sobre el tema, entonces, puede tratarse del envío de un talón, el acuse de recibo de un cheque o de una letra, la reclamación de un pago no atendido debidamente, la solicitud de aplazamiento de un pago, etc. En estas cartas es preciso expresarse de modo claro, conciso y cortés, haciendo referencia a las estipulaciones del contrato en cuestión e indicando con exactitud las cantidades de dinero pagaderas o pagadas.

5-2 ¿Qué sabe Ud. sobre las cartas y los documentos relacionados con el arrendamiento y los seguros?

Vuelva a las «Preguntas de orientación» que se hicieron al principio del capítulo y ahora contéstelas en oraciones completas en español.

1. _____

_____

2. _____

_____

3. _____

_____

4. _____

_____

CARTA MODELO 5-1. ENVÍO DE CHEQUE

Ud. quiere ampliar su vocabulario y tener mayor variedad de términos para usar al escribir y leer cartas en español. Los siguientes ejercicios sirven para alcanzar esta meta.

23 de febrero de 201_

Sr. D. Rafael Arévalo Goicoechea
Carretera Masaya Km 6...,
Managua, Nicaragua

Estimado señor:

Le envío adjunto el talón No. 378 por el valor de 9,039 córdobas oro nicaragüenses (nueve mil treinta y nueve), cantidad correspondiente a la garantía requerida por Ud. por mi alquiler del despacho situado en c/San Antonio, 2° 2ª. Como hemos acordado, haré mi traslado a esta oficina el primero del mes entrante. Ruego que acuse recibo de ésta a vuelta de correo. Sin más por el momento, le doy las gracias y me despido de Ud. muy atentamente,

Verónica Olliver Muñoz
Verónica Olliver Muñoz

Anexo: 1 cheque

5-3 Ejercicios de vocabulario

1. Dé un sinónimo de las siguientes palabras o frases, usando las que están subrayadas en la Carta 5-1 y otras que Ud. conozca.

   a. en concepto de _____   **e.** efectuaré _____

   b. oficina _____   **f.** cheque _____

   c. remito _____   **g.** arrendamiento _____

   d. importe _____   **h.** depósito _____

2. Vuelva a escribir el texto de la Carta 5-1, reemplazando las palabras subrayadas con las del ejercicio anterior. Haga todos los demás cambios que resulten necesarios.

_____

_____

_____

_____

_____

_____

_____

_____

_____

_____

_____

_____

CARTA MODELO 5-2. ACUSE DE RECIBO DE CHEQUE

12 de febrero de 201_

Srta. Verónica Olliver Muñoz
c/Balmes, 344
Managua, Nicaragua

Estimada Srta. Olliver:

Acuso recibo esta mañana de su misiva del día 8 con el cheque No. 378 por el valor de 9,039 córdobas oro nicaragüenses correspondientes al depósito requerido para confirmar nuestro contrato de alquilar la oficina en el Parque Darío, 1/2 cuadra norte de esta ciudad. Ya se la ha limpiado y a la vez se ha reparado el timbre de la puerta como nos ha pedido Ud., de modo que todo está en orden para su traslado el primero de marzo. Le doy las gracias por su atención y me despido cordialmente,

Rafael Arévalo Goicoechea
Rafael Arévalo Goicoechea
Propietario

5-4 Ejercicio de traducción*: Del español al inglés

La empresa donde Ud. trabaja a menudo recibe cartas y documentos importantes o urgentes en español que hay que traducir. Puesto que Ud. conoce ambos idiomas, se le ha pedido que traduzca la Carta 5-2 al inglés, lo cual hace con mucho gusto y esmero.

_____:

_____

_____

_____

_____

_____

_____

_____

*OPCIONAL: 1. Para hacer este ejercicio, sírvase usar algún programa de traducción bilingüe para generar una traducción hecha por computadora. Los pasos serán los siguientes: escribir de nuevo la carta original o usar un escáner para traspasar la copia de la carta a su programa de procesamiento de textos, y luego pasar la carta original por el programa de traducción. ¡OJO! Luego hará falta corregir los errores de la traducción automatizada, importantísima actividad que se llama «posrevisión». 2. Haga una traducción visual de la carta. Es decir, traduzca oralmente el texto escrito.

_____

_____

_____

_____

_____

_____

CARTA MODELO 5-3. RECLAMACIÓN DE UN PAGO NO ATENDIDO

Alquileres Baroja
Avda. Central 66
San Salvador, El Salvador
Tel: (506) 222-3536 Fax: (506) 222-3538
alquileresbaroja@svsa.co.cr

February 6, 201_

Mr. Eugenio Machado
Calle Oriente 44
San Salvador, El Salvador

Dear Mr. Machado:

We are writing to notify you that your rent for the month of February is overdue at this time. The terms of our contract with you demand a full monthly payment by the first of each month in the amount of $1,500 (USD). We recognize that you have just transferred some of your new operations into the premises, but I must remind you that failure to adhere to the terms of the contract will lead to its termination within thirty (30) days. Please forward ASAP the amount due so that it reaches us no later that the 20th of this month.

Thanking you in advance for your attention in this matter. I remain, on behalf of Alquileres Baroja,

Sincerely yours,

Elizabeth Velázquez Murillo
Elizabeth Velázquez Murillo
Manager

5-5 Ejercicio de traducción*: Del inglés al español

Su jefe/a necesita comunicar pronto el contenido de la Carta 5-3 en español y le ha pedido a Ud. que la traduzca, lo cual hace inmediatamente.

_____ :

_____

_____

_____

_____

_____

_____

_____

_____

_____

_____

_____

_____

_____

_____

_____

_____

*OPCIONAL: 1. Para hacer este ejercicio, sírvase usar algún programa de traducción bilingüe para generar una traducción hecha por computadora. Los pasos serán los siguientes: escribir de nuevo la carta original o usar un escáner para traspasar la copia de la carta a su programa de procesamiento de textos, y luego pasar la carta original por el programa de traducción. ¡OJO! Luego hará falta corregir los errores de la traducción automatizada, importantísima actividad que se llama «posrevisión». 2. Haga una traducción visual de la carta. Es decir, traduzca oralmente el texto escrito.

BORRADOR DE CARTA MODELO 5-4. SOLICITUD DE APLAZAMIENTO DE PAGO

¡OJO! La siguiente carta tiene errores de tipo gramatical y ortográfico. Ud. como gerente es la persona que firma la carta y por eso es necesario comprobar que no haya ningún error. Lea la carta cuidadosamente y después haga las correcciones directamente en el texto de la carta abajo, de modo que la versión final se pueda enviar libre de errores al destinatario.

5 de octubre 201_

Sra. Dolores Criado Jiménez
Ronda de Bolívar N. 26
San Salvador, El Salvador

Estimada Sr. Criado:

Le envío la presente para pedirle una prórroga en el alquilar que le debo a principios del mes entrante. El caso es que el banco me a habisado que los fondos que yo esperaba tener en mi cuneta a finales del actual no estén disponibles hasta el día cinco del mes de diciembre. A causa de estas circunstancias imprevistas, no le pondré enviar un cheque hasta ese mismo día. Siento muchosísimo la inconveniencia que le puede causar esta situación. Quisiera hacer la observasión de que ésta es la primera ves, en mis tres años de arrendador, que me hayo en tales circunstancias excepsionales de no pagar lo devido en la fecha conbenida.

Confío en que le será posible acetar mi petición y se lo agradesco por ante mano. Quedo de Ud. atentamente,

Michael Hilton
Michael Hilton

5-6 Redacción de cartas

La compañía donde usted trabaja le ha pedido que redacte unas cartas sobre asuntos importantes, cuyas minutas se dan a continuación. Ud. se dedica a la tarea con mucho esmero para despacharla lo antes posible. Dicte o escriba en español una de las siguientes cartas, o ambas, según los supuestos.

1. *Your company has agreed to lease office space from Gerardo Santos Abascal (Hostos 32, San Salvador, El Salvador). Santos has sent you an e-mail requesting that you sign the enclosed contract by January 1st. Inform him that there seems to be an error in the contract as the terms stipulate a monthly rent of $3,200 (USD) rather than the $2,700 you thought you had agreed to on the phone.*

2. *Elena Garro Torrente (c/Aribau 742, Managua, Nicaragua) has written to inform your firm that the building you planned to lease is ready to be occupied, since the structural repairs that were needed have been completed. Thank her and inform her that your first month's rent is enclosed and that you will be moving your offices into the building immediately.*

DOCUMENTO MODELO 5-1. EL CONTRATO DE ARRENDAMIENTO

El contrato de arrendamiento de fincas urbanas consiste en dos ejemplares, uno para el arrendador, el otro para el arrendatario. Al dorso de cada uno se estipulan las demás condiciones (autorización para hacer reparaciones o cambios físicos en el continente, etc.), si las hay.

IDENTIFICACION DE LA FINCA OBJETO DEL CONTRATO

Finca, local o piso (1) _____
Calle _____ *Menédez Pelayo* _____ núm _____ 26 _____
Ciudad _____ *Valencia* _____ Provincia _____ *Valencia* _____

En _____ *Barcelona* _____ , a _____ *veintidós* _____ de

_____ *enero* _____ de dos mil ▬▬▬▬▬▬ , reunidos Don

_____ *Pedro Gómez Pujol* _____ , natural de _____ *Valencia* _____ , provincia de

_____ *Valencia* _____ , de _____ 42 _____ años, de estado _____ *soltero* _____ , y profesión

_____ *comerciante* _____ , vecino al presente de _____ *Tarragona* _____ , con documento nacional

de identidad no. _____ 37876218 _____ expedido en _____ *Barcelona* _____ , con fecha

_____ *junio 201_* _____ , en concepto de arrendatario, por sí o en nombre de , ▬▬▬▬▬▬ ,

como ▬▬▬▬▬▬ del mismo (1), y Don _____ *Felipe Llull Turia* _____ de

_____ 35 _____ años, de estado _____ *soltero* _____ , vecino de _____ *Valencia* _____ ,

con documento nacional de identidad número _____ 41189134 _____ expedido en _____ *Valencia* _____ ,

con fecha _____ *marzo 1966* _____ como (2) _____ *dueño* _____ , hemos contratado el arrendamiento

del inmueble urbano que ha sido identificado encabezando este contrato, por tiempo de (3) _____ *doce* _____

_____ *meses* _____ , y precio de _____ *ocho mil setecientos catorce* _____

euros cada año, pagaderos por _____ *meses* _____ , con las demás condiciones que se estamparán al dorso.

Formalizado así este contrato, y para que conste, lo firmamos por duplicado.

EL ARRENDATARIO,   EL ARRENDADOR,

_____ *Pedro Gómez Pujol* _____   _____ *Felipe Llull Turia* _____

5-7 Ejercicio: Contrato de arrendamiento de fincas urbanas

Complete el formulario de contrato de arrendamiento de fincas urbanas que aparece a continuación con nombres y direcciones ficticios. El contrato es por 36 meses, a un precio de diez mil euros (EUR) pagaderos mensualmente.

IDENTIFICACION DE LA FINCA OBJETO DEL CONTRATO

Finca, local o piso   *(1)* _____

Calle _____ *núm* _____

Ciudad _____ *Provincia* _____

En _____ *, a* _____ *de*

_____ *de dos mil* _____ *, reunidos Don*

_____ *, natural de* _____ *, provincia de*

_____ *, de* _____ *años, de estado* _____ *, y profesión*

_____ *, vecino al presente de* _____ *, con documento nacional*

de identidad no. _____ *expedido en* _____ *, con fecha*

_____ *, en concepto de arrendatario, por sí o en nombre de ,* _____ *,*

como _____ *del mismo (1), y Don* _____ *de*

_____ *años, de estado* _____ *, vecino de* _____ *,*

con documento nacional de identidad número _____ *expedido en* _____ *,*

con fecha _____ *como (2)* _____ *, hemos contratado el arrendamiento*

del inmueble urbano que ha sido identificado encabezando este contrato, por tiempo de (3) _____

_____ *, y precio de* _____

euros cada año, pagaderos por _____ *, con las demás condiciones que se estamparán al dorso.*

Formalizado así este contrato, y para que conste, lo firmamos por duplicado.

EL ARRENDATARIO,   *EL ARRENDADOR,*

_____   _____

DOCUMENTOS MODELO 5-2. LA PÓLIZA DE SEGURO

5-2A. Anuncio de riesgos asegurados por una póliza

FIATC MUTUA
DE SEGUROS
GENERALES

Una sola póliza cubre todos los riesgos de su industria o taller, con mayor ahorro y control.

Consulte a su agente o remita el cupón adjunto. (Enviar en sobre a FIATC; Mutua de Seguros Generales. C/. Bailén, 71, bis., 08009 Barcelona o a cualquiera de sus sucursales o agencias).

Mayor ahorro, porque al ser una sola póliza se aplican bonificaciones en el precio y reducción en impuestos.

Mayor control, porque al ser una sola póliza Vd. sabe en todo momento qué le cuesta el seguro.

RIESGOS ASEGURADOS POR COBERPLAN-FIATC

Coberplan-FIATC, en una sola póliza puede asegurarle contra
• Incendio y todos sus derivados
• Responsabilidad Civil de todo tipo.
• Robo y Expoliación.
• Pérdida de beneficios por incendio.
• Accidentes personales.
• Daños causados por aguas.
• Roturas de vidrios y cristales.
• Avería de equipos electrónicos.
• Etc...
COBERPLAN-FIATC es ahorro respecto sus costos actuales en seguros.
COBERPLAN-FIATC es un seguro moderno creado por una entidad moderna.

Sres, deseo recibir más amplia información de su COBERPLAN para industrias y talleres.

Nombre _____ Cargo _____
Empresa _____ Actividad _____
Dirección _____ D.P. ___ Tel. ___
Población _____ Provincia _____

5-2B. Extractos de póliza de seguro contra incendio

*RAMO: INCENDIOS
*POLIZA: NO.: 2246
*HOJA NO: 27
*AGENTE: 49

ANEXO A LAS CONDICIONES PARTICULARES

CARACTERISTICAS DEL RIESGO SEGUN DECLARACIONES DEL TOMADOR DEL SEGURO

1.– ACTIVIDAD DEL ESTABLECIMIENTO: pisos, vivienda y restaurante

2.– OCUPA TODO EL EDIFICIO O SOLO PARTE: los bajos se destinan a restaurante y los dos pisos en alto a viviendas particulares

3.– CLASE DE CONSTRUCCION DEL EDIFICIO: Materiales sólidos y difícilmente combustibles (piedra y/o ladrillo, arena, cemento, yeso u otros de similar naturaleza y reacción frente al fuego, el agua, el humo y otros elementos).

4.– TIPO DE CUBIERTA DEL EDIFICIO: Terrado y/o tejas o materiales similares

5.– OTRAS CIRCUNSTANCIAS: -----

6.– SITUACION: PZA. ANGEL SANTOS 4 - VALENCIA

ARTS. BIENES ASEGURADOS	CANT. ASEG.	TASA %	PRIMA EUROS
1.– EDIFICIO (según concepto definido en el núm. 13 del Art. Preliminar de las Condiciones Generales de la póliza.....	108,182	1,15	1,234.
RIESGOS OPCIONALES PACTADOS EXPRESAMENTE:			
A.– GASTOS POR LAS MEDIDAS NECESARIAS ADOPTADAS POR LA AUTORIDAD O EL ASEGURADO PARA CORTAR O EXTINGUIR EL INCENDIO O IMPEDIR SU PROPAGACION, queda establecida la presente garantía de acuerdo con el concepto definido en el Epígrafe núm. 13 del Clausulado Anexo..........................	601.	3	18.
Totales.....................................	108,783.		1,252.

5-2C. Extractos de solicitud de seguro combinado para comercios

FIATC ◤◤◤ MUTUA DE
SEGUROS GENERALES

SOLICITUD DE SEGURO COMBINADO PARA COMERCIOS

Efecto del seguro: **Duración:** *un año*   **Agente:** *50*   **No.:** *2237*

SOLICITANTE: *María Elena Santaló*   **QUE ACTUA COMO:** *Propietaria*

DOMICILIO: *c/Muntaner- 1º 1ª*   **POBLACION:** *Barcelona*

ASEGURADO: *María Elena Santaló*

BENEFICIARO DEL SEGURO: *María Elena Santaló*

PARTICULARIDADES DEL ESTABLECIMIENTO A ASEGURAR:

1.– ACTIVIDADES: *Panadería*
2.– SITUACION: **Calle/plaza**   *c/Muntaner- 1º 1ª*
   Población   *Barcelona*
   ¿Existe Parque de Bomberos Público con servicio permanente?   *x* Sí
   (con plantilla mínima de 4 profesionales y 1 coche autobomba)   ___ No
3.– CAPITALES A SEGURAR: CONTINENTE   *72,121.5*   EUROS   CONTENIDO   *51,687.0*   EUROS
4.– COBERTURAS SOLICITADAS.
   GARANTIAS BASICAS (Incendio, Explosión, Caída del rayo y sus consecuencias directas) *x* Sí___ No
5.– REVALORIZACION AUTOMATICA DE CAPITALES   *x* Sí   ___ No
6.– FORMA DE PAGO DE LAS PRIMAS: ___ ANUAL   *x* SEMESTRAL

DATOS COMPLEMENTARIOS:

¿Ha sufrido el proponente algún siniestro que afecte a las coberturas solicitadas sobre los objetos a asegurar?
___ Sí   *x* No

En caso afirmativo.

Entidad Aseguradora:
Importe de los daños o pérdidas: IMPORTE INDEMNIZACION:
Medidas adoptadas para evitar la repetición:

OTROS SEGUROS:
¿Están ya asegurados los bienes cuyo seguro se solicita?   ___ Sí *x* No   En caso afirmativo, detállense entidad
aseguradora, número de contrato, bienes asegurados y capital garantizado:
Entidad Aseguradora:

ACLARACIONES/OBSERVACIONES:
Barcelona , ___*3*___ **de** ___*abril*___ **de 201**___

EL SOLICITANTE-TOMADOR DEL SEGURO,
María Elena Santaló

PARA EL SEGURO DE INCENDIOS Y MULTIRRIESGO

1. Clase de construcción del edificio:

Materiales	Estructura	*cemento, ladrillo, aluminio*
empleados	Cerramientos laterales	
en	Cubierta	

2. Número de plantas que componen el edificio (incluidas plantas sótanos y bajos)   *uno*

3. Actividad que se desarolla en cada planta
   Panadería

4. Volumen ocupado por la industria a asegurar respecto del total edificio   *25%*

5. Presente de mercancías peligrosas (combustibles, inflamables, explosivas, corrosivas, etc.), indicando clase, cantidad, uso a que se destinan, tipo de recipientes y su situación:
   Dos hornos

6. Presencia de fuerza eléctrica motriz. Núm. de motores   *Dos*

7. Otras instalaciones: _x_ Calderas   _x_ Compresores   _x_ Climatización

8. Secciones complementarias:
   Tiendas aparatos electrodomésticos–vecino

9. Actividad de los negocios colindantes y/o próximos (indicar distancia en riesgos próximos)
   Venta y reparación aparatos electrodomésticos–colindante

10. Presencia de medios de prevención y extinción de incendios:

Detectores automáticos de incendios	_x_ Sí	___ No	¿Cuántos? *Cuatro*
Pararrayos en el edificio	_x_ Sí	___ No	
Extintores	_x_ Sí	___ No	
Bocas de agua en interior local equipadas contra incendios	_x_ Sí	___ No	

    ¿Cuántas? *Dos*

Hidrantes al exterior	___ Sí	_x_ No	¿Cuántos?

    Distancia del Parque de Bomberos más próximo   *3 km*

11. Todas las instalaciones mencionadas en el presente cuestionario, ¿cumplen los requisitos legales reglamentarios?   _x_ Sí   ___ No

12. Puertas, ventanas y otras aberturas en las paredes y/o techos del edifico (descríbase ampliamente su emplazamiento, material, clase de cerraduras, etc.)
    Una puerta de madera gruesa con dos cerrojos metálicos; una ventana de vidrio con persiana

13. Protección del establecimiento en horas de inactividad: *Dispositivo antirrobo*

14. Alarmas/Vigilancia privada permanente   *Una alarma–dispositivo antirrobo*

15. Objetos especiales a asegurar (máquinas de oficina, ordenadores, etc.)
    RELACION DETALLADA Y VALORES DE CADA OBJETO:
    Ninguno

5-8 Problema numérico-comercial

La compañía «Transportes Agros, S.A.», para la cual trabaja Ud., busca un sitio para montar una nueva fábrica de repuestos de máquinas agrícolas. Ud. tiene la responsabilidad de determinar la eficacia de alquilar o comprar el edificio que se ha encontrado no muy lejos de San José. Aunque los trámites de compra son legalmente un poco complicados, a Ud. y a la compañía les preocupa en especial el costo. Si se alquila el edificio, se tendrá que pagar un millón de colones costarricenses mensuales el primer año, con aumentos de 5% cada año subsiguiente. Si se compra el edificio, se tendrán que pagar 200 millones de colones. La compañía sólo tiene la mitad del capital necesario para realizar el pago inicial y se ve obligada a conseguir una hipoteca cuyo interés anual simple es del 13%. Además, de momento, si optan por comprar el edificio, Ud. y la compañía no quieren pagar más que el interés, es decir, no piensan pagar nada del importe restante.

Haga los siguientes ejercicios:

1. ¿Cuánto habrá pagado la compañía en alquiler el primer año?, ¿el segundo año?

2. ¿Cuánto habrá pagado la compañía de pago inicial e interés simple después de dos años?

3. ¿Qué resultará más eficaz hacer a corto plazo, alquilar o comprar?, ¿a largo plazo, o sea, después de 20 años? Explique.

5-9 Informe empresarial: Actividad mercantil y electrónica

Ud. y dos socios (compañeros de clase) piensan alquilar una oficina en San José, Costa Rica, para la venta de sus aparatos electrodomésticos. Busquen algunas posibilidades de un local en Internet (anuncios en algún periódico de San José o anuncios publicados en diversas páginas web, con palabras clave como «San José, Costa Rica, bienes raíces, inmuebles, alquiler»). Comparen las posibilidades halladas y seleccionen una de ellas para presentar en clase, justificando la selección.

5-10 Ejercicios auditivos al teléfono: Los bienes raíces y el equipo

Pistas
9 y 10

1. Lea las siguientes preguntas. Después escuche atentamente la conversación telefónica del Capítulo 5 que acompaña el programa *Éxito comercial* y contéstelas en oraciones completas. Puesto que la comprensión auditiva es una destreza comunicativa sumamente importante, se recomienda escuchar la conversación varias veces.

   a. ¿Por qué motivo llama el Sr. Sage a la Sra. Fianza?
   b. ¿Qué posibilidades hay de que le firme el contrato de compraventa al Sr. Sage?
   c. ¿Qué es lo que le preocupa al Sr. Sage?
   d. ¿Qué responde la Sra. Fianza respecto a las preguntas del Sr. Sage?
   e. ¿Cómo puede obtener el Sr. Sage más información sobre la compra del sitio?

2. Vuelva a escuchar la conversación y complete las siguientes oraciones con la información que busca el Sr. Sage sobre una posible inversión en el futuro proyecto de la Sra. Fianza en Nicaragua.

   a. Sage desea saber más de la _____ donde se va a construir el nuevo _____.

   b. También quiere saber más del _____ potencial a quien pueden contratar.

3. Vuelva a escuchar la conversación y complete las siguientes oraciones con la información que Consuelo Fianza le ofrece a Val Sage sobre el proyecto y su posible visita.

   a. Consuelo conoce bien el lugar para el hotel y es óptimo para el _____.

   b. Los empleados potenciales son buena gente y _____ y son _____.

   c. El mes de junio no es un buen mes para visitar Nicaragua debido a _____.

La oficina

6-1 **Preguntas de orientación**

Al hacer la lectura, piense en las respuestas a las siguientes preguntas.

1. ¿Cuál es la diferencia entre las comunicaciones internas y las externas en cualquier oficina?
2. ¿Cuáles son algunos ejemplos de las cartas rutinarias?
3. ¿Qué es una carta de acuse de recibo de correspondencia y cuáles son algunos de sus requisitos?
4. ¿Cuáles son algunos ejemplos de la carta informativa?

BREVE VOCABULARIO ÚTIL

antedicho • *aforementioned*
dirección • *address*
esperar verlo • *to look forward to seeing you*

nos es grato • *it's our pleasure*
trasladarse • *to move (change address)*
volver a llamar • *to call back*

LECTURA
La carta rutinaria

En cada oficina, además de las comunicaciones internas escritas a los empleados, existen las externas que se escriben a personas individuales o jurídicas fuera de la empresa. El gerente necesita revisar esta correspondencia y tomar las decisiones necesarias para planear, organizar, motivar y controlar las actividades empresariales basadas en las comunicaciones recibidas. En muchos casos, estas cartas son rutinarias. Por ejemplo, hay que confirmar el recibo de información, la cual puede llegar por medio de conversaciones telefónicas o personales y otros sistemas de equipo como fax o correo electrónico. También es importante comunicar los cambios de dirección, de números de teléfono, etc. Para hacer todo esto, hay que seguir los requisitos de la carta comercial.

1. **Carta de acuse de recibo de correspondencia.** En el mundo de los negocios es necesario comunicar el acuse de recibo de correspondencia e indicarle al remitente los pasos que se tomarán con respecto al contenido de su carta. Las cartas recibidas se diferencian según el tipo de empresa: en un banco puede haber solicitudes de crédito y cuestiones rutinarias sobre el saldo de una cuenta; en una empresa comercial, solicitudes de catálogos o cotización de precios, pedidos de mercancías o servicios, pagos u otras comunicaciones sobre distintos aspectos del marketing.

   Al redactar estas cartas, el gerente debe incluir, además de los elementos usuales, los siguientes aspectos:
   • Noticias o referencias con respecto a la carta ya recibida.
   • Pasos que se tomarán.

2. **Carta informativa.** Muchas veces el/la gerente/a necesita comunicar alguna información a los clientes, empleados, oficinas gubernamentales o proveedores. Entre los distintos tipos de carta informativa están: apertura de un negocio, cambio de precios, cambios de personal y cambios de dirección. Muchas veces el éxito comercial depende de la clara y oportuna comunicación de estos detalles.

6-2 ¿Qué sabe Ud. acerca de la carta rutinaria?

Vuelva a las «Preguntas de orientación» que se hicieron al principio del capítulo y ahora contéstelas en oraciones completas en español.

1. _____

   _____

2. _____

   _____

3. _____

   _____

4. _____

   _____

CARTA MODELO 6-1. ACUSE DE RECIBO DE CORRESPONDENCIA (1)

Ud. quiere ampliar su vocabulario y tener mayor variedad de términos para usar al escribir y leer cartas en español. Los siguientes ejercicios sirven para alcanzar esta meta.

Banco Unión Panameño
Calle 23-13-14
Cristóbal, Panamá
Tel: (507) 854-9783 Fax: (507) 854-7532
bancunionpanameño@aol.com

8 de octubre de 201_

Sr. Benito Suárez Pumarejo
Calle de l46
Ciudad de Panamá
Panamá

Estimado Sr. Suárez:

Recibí su atenta carta del 3 de este mes en la cual Ud. menciona la necesidad de tener más información sobre el saldo actual de su cuenta corriente No. 001602750. Le adjunto una copia del cheque No. 450 que, según los datos que Ud. me indicó con su carta de solicitud, no se incluyó en la lista de cheques que Ud. nos había mandado. Le sugiero que revise los documentos que tiene, y si todavía hay disparidad entre sus cifras y las nuestras, le ruego haga el favor de pasar por nuestra oficina en la Calle 23-13-14.

Le anticipo las gracias por su cooperación en este asunto y lo saludo cordialmente,

BANCO UNIÓN PANAMEÑO

Mario Hurtado Gómez
Mario Hurtado Gómez
Asistente del Vice-Presidente

Anexo: 1 fotocopia del cheque No. 450

6-3 Ejercicios de vocabulario

1. Dé un sinónimo de las siguientes palabras o frases, usando las que están subrayadas en la Carta 6-1 y otras que Ud. conozca.

a. anexo _____

b. suplico _____

c. números _____

d. respetuosa _____

e. repase _____

f. proporcionó _____

g. acuso recibo de _____

h. diferencia _____

i. sucursal _____

j. le agradezco de antemano _____

2. Vuelva a escribir la Carta 6-1, reemplazando las palabras subrayadas en la carta con las del ejercicio anterior. Haga todos los demás cambios que resulten necesarios.

_____

_____

_____

_____

_____

_____

_____

_____

_____

_____

_____

_____

_____

CARTA MODELO 6-2. ACUSE DE RECIBO
DE CORRESPONDENCIA (2)

10 de enero de 201_

Sr. Juan Escribano Duque
Calle Balboa 15
Colón, Panamá

Estimado Sr. Escribano:

Acusamos recibo de su grata del 7 del presente en la cual Ud. pide la lista de precios para el año en curso. Por correo aparte le remitimos la lista deseada e incluimos nuestro catálogo del año anterior. Cuando salga nuestro nuevo catálogo a fines del año, se lo enviaremos.

En espera de poder atenderlo en un futuro próximo así como de despachar sus pedidos tan pronto como sea posible, quedamos

Sus seguros servidores,

EMPRESAS GLOBALES, S.A.

Paco Pérez Gautier
Paco Pérez Gautier
Director de Marketing

6-4 Ejercicio de traducción*: Del español al inglés

La empresa donde Ud. trabaja a menudo recibe cartas y documentos importantes o urgentes en español que hay que traducir. Puesto que Ud. conoce ambos idiomas, se le ha pedido que traduzca la Carta 6-2 al inglés, lo cual hace con mucho gusto y esmero.

_____ :

_____

_____

_____

---

*OPCIONAL: 1. Para hacer este ejercicio, sírvase usar algún programa de traducción bilingüe para generar una traducción hecha por computadora. Los pasos serán los siguientes: escribir de nuevo la carta original o usar un escáner para traspasar la copia de la carta a su programa de procesamiento de textos, y luego pasar la carta original por el programa de traducción. ¡OJO! Luego hará falta corregir los errores de la traducción automatizada, importantísima actividad que se llama posrevisión. 2. Haga una traducción visual de la carta. Es decir, traduzca oralmente el texto escrito.

_____
_____
_____
_____
_____
_____
_____

CARTA MODELO 6-3. CAMBIO DE DIRECCIÓN

Almacenes Rodríguez, **S.A.**
Km. 8 ½ Carretera Sur
San José, Costa Rica
Tel: (506) 265-2728 Fax: (506) 265-2744
almarod@cabelent.com.cr

February 27, 201_

Dr. Paul Fernández
Avdna. Brostella Balboa 231-2 N
Ciudad de Panamá 8001-zona

Dear Dr. Fernández:

We are pleased to notify you that, beginning March 10, the corporate offices of Almacenes Rodríguez, S.A., will be transferred from Alajuela, Costa Rica to the street and e-mail addresses indicated above in the letterhead.

All future mailings should be sent to either of the addresses indicated above. We look forward with great pleasure to working with you on your writing project. If you have any additional inquiries, kindly write or call me at our new phone number in San José.

Sincerely,

Craig Jason
Craig Jason
Senior Acquisitions Editor
Foreign Languages

cc: Allan Beazley, Development Editor

6-5 Ejercicio de traducción*: Del inglés al español

Su jefe/a necesita comunicar pronto el contenido de la Carta 6-3 en español y le ha pedido a Ud. que la traduzca, lo cual hace inmediatamente.

_____ :

_____

_____

_____

_____

_____

_____

_____

_____

_____

_____

_____

_____

*OPCIONAL: 1. Para hacer este ejercicio, sírvase usar algún programa de traducción bilingüe para generar una traducción hecha por computadora. Los pasos serán los siguientes: escribir de nuevo la carta original o usar un escáner para traspasar la copia de la carta a su programa de procesamiento de textos, y luego pasar la carta original por el programa de traducción. ¡OJO! Luego hará falta corregir los errores de la traducción automatizada, importantísima actividad que se llama posrevisión. 2. Haga una traducción visual de la carta. Es decir, traduzca oralmente el texto escrito.

BORRADOR DE CARTA MODELO 6-4. CARTA DE CAMBIO DE DOMICILIO

¡OJO! La siguiente carta tiene errores de tipo gramatical u ortográfico. Ud., como gerente, es la persona que firma la carta y por eso es necesario comprobar que no haya ningún error. Lea la carta cuidadosamente y después haga las correcciones directamente en el texto de la carta que aparece abajo, de modo que la versión final se pueda enviar libre de errores al destinatario.

MANUFACTURERAS DE MERCADERÍAS MUNDIALES
M M M
Calle de las Américas 690
Ciudad de Panamá, Panamá
Tel: (507) 566-9131 Fax: (507) 566-3985
MMM@cablonda.net

23 de noviembre de 201_

Pedro Gómez Henares
Jefe de Compras
Distribuidores Unidos
Apartado Postal 199
San José, Costa Rica 1000

Estimados Señores:

Me permite informarle a nuestros clientes que, a partir del quince del actual que viene la sra. María Cristina Ramirez ocupará el puesto de gerente general de esta empresa y que ella tendrá su oficina en las señas indicadas en el encabesamiento de esta carta. Esa dirección representa un cambio de ubicación de nuestra campaña y un ascenso por la Sra. Ramirez. Le rogamos envíen sus communicaciones sobre las trámites de los asuntos comerciales de esta empresa a la oficina sobredicha.

De Uds. muy atentamente,

MANUFACTURERAS DE MERCANDERÍAS

James McDermott
James McDermott
Presidente

6-6 Redacción de cartas

La compañía donde usted trabaja le ha pedido que redacte unas cartas sobre asuntos importantes, cuyas minutas se dan a continuación. Ud. se dedica a la tarea con mucho esmero para despacharla lo antes posible. Dicte o escriba en español una de las siguientes cartas, o ambas, basándose en los siguientes supuestos.

1. *Your branch office of Bicicletas Sin Límite, located at Carrera 20-13-18, Ciudad de Panamá, (bicicletas SL2@contexto.com) has just received an insistent second letter requesting the following order:*

   5 bicycles / Model 21X
   red and blue frame

   As manager of the sales department, you are aware that the order was placed more than five weeks ago. After checking with shipping, you realize that the bicycles have not yet been sent. In your letter, inform the customer, Ramón Mendoza Velázquez (Calle de Flores 15, Colón, Panamá), that you personally will keep on top of the status of the order, check on the request personally, and call him back as soon as you know when the order can be shipped. Apologize for the delay before closing the letter.

2. *Using the previous addresses, inform the customer that you were waiting to ship the bikes since there has been a delay in production. The price for each bike has now increased from $325 to $355. Ask whether you should ship the bikes or whether he wants to change the order. Inform him that it is possible to place the order by either phone or email as listed in the letterhead.*

LECTURA

Documentos rutinarios de la oficina

Los documentos rutinarios de la oficina son, por lo general, comunicaciones breves que facilitan la gestión de las tareas diarias. Los más comunes son los siguientes: el recado personal que indica la llamada telefónica recibida por otra persona, los mensajes o memorandos entre departamentos, los mensajes (correos) electrónicos, los fax, los giros y los telegramas. Éstos son documentos de uso consuetudinario, es decir, de uso común.

DOCUMENTO MODELO 6-1. RECADO PERSONAL

Día _____ *18 de mayo* _____ Hora _____ *10:20* _____

Don _____ *Tomás B. de la Sartén* _____

Estando Ud. ausente: ☒ Le/la llamó

☐ Vino a verle/la

Don _____ *Enrique Martín* _____

de _____ *Agencia Martín* _____

Teléf. _____ *426-1313* _____

☐ Que le llamaría luego   h. _____

☒ Que le llame Ud.   h. _*13:30*_

☐ Que vendrá   h. _____

☐ Que vaya Ud. a verle/la   h. _____

☐ Que es muy urgente

Asunto: _____ *El terreno en la costa* _____

_____

_____

Recibido por: _____ *Felisa Taronjí* _____

6-7 Ejercicio: Recado personal para completar

Mientras su colega, Mario Delgado, estaba fuera de la oficina para almorzar, un cliente, Gerardo Rodríguez, lo llamó por teléfono para pedir los precios corrientes de varios aparatos médicos. Él no estará en su oficina hasta mañana. El mensaje es algo urgente. Escríbale el recado en el formulario que aparece a continuación.

Día _____ Hora _____

Don _____

Estando Ud. ausente: ❏ Le/la llamó

❏ Vino a verle/la

Don _____

de _____

Teléf. _____

❏ Que le llamaría luego   h. _____

❏ Que le llame Ud.   h. _____

❏ Que vendrá   h. _____

❏ Que vaya Ud. a verle/la   h. _____

❏ Que es muy urgente

Asunto: _____

_____

_____

Recibido por: _____

DOCUMENTO MODELO 6-2. CORREO ELECTRÓNICO

Correo electrónico   «Enviando mensaje»

Dé entrada a su mensaje a continuación

FECHA: 12 de febrero de 201_

DE: Miguel Pérez/Gran Vía #14/Buenos Aires, Argentina

ASUNTO: Llegada de mercancías

A: Elena Osorio Gómez/Central 42/Madrid, España

Las mercancías llegaron en buen estado. Falta el pedido No. 226 y lo necesito para el viernes. Le ruego confirmación de este mensaje.

6-8 Ejercicio: Correo electrónico

Lea el siguiente mensaje y contéstelo.

Ud. está en Alajuela, Costa Rica y necesita comunicarse por correo electrónico con su casa matriz en Nueva York. Su contacto en Nueva York es Paul Carter, 911 Fifth Avenue, N.Y. Es importante que Ud. se comunique hoy con él para concertar una cita con el presidente de Ectofirm el miércoles de la semana próxima. Deje su dirección en Costa Rica, su número de teléfono y su número de fax para que Carter se comunique con Ud.

Correo electrónico 90.01.05   «Enviando mensaje»

Escriba su mensaje a continuación   Línea 6 de 19

FECHA:

DE:

ASUNTO:

A:

6-9 Problema numérico-comercial

La directora de la nueva oficina en la cual Ud. trabaja en la Ciudad de Panamá tiene que hacer un pedido para los siguientes efectos de escritorio. Recuerde que aunque el balboa es la moneda nacional de Panamá, todas las transacciones, en especial las internacionales, se realizan con el dólar EUA.

MERCANCÍA	PRECIO UNITARIO (en dólares)	PRECIO TOTAL
10 cajas de sobres	$35.00	_____
2 cajas de chinches	15.00	_____
4 cajas de gomas elásticas	17.50	_____
2 cajas de grapas	10.00	_____
6 cajas de papel blanco	25.00	_____
2 cajas de bolígrafos azules	30.00	_____
	TOTAL	_____

La compañía panameña que vende estas mercancías suele darles un descuento del 10% a los compradores que efectúan el pago dentro de un plazo de 20 días; si no, cobra el importe total, más un interés del 5% para los pagos que se demoran de 31 a 35 días, y del 7.5% si se demoran de 36 a 45 días.

Haga los siguientes ejercicios:

1. Complete la columna del precio total por artículo y luego el gran total.
2. Si su compañía paga dentro del plazo indicado, ¿cuánto pagará en total?
3. Si su compañía no paga hasta después de 37 días, ¿cuánto será el importe total debido?

6-10 Informe empresarial: Actividad mercantil y electrónica

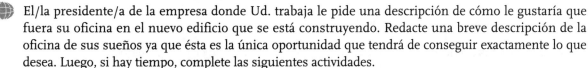

El/la presidente/a de la empresa donde Ud. trabaja le pide una descripción de cómo le gustaría que fuera su oficina en el nuevo edificio que se está construyendo. Redacte una breve descripción de la oficina de sus sueños ya que ésta es la única oportunidad que tendrá de conseguir exactamente lo que desea. Luego, si hay tiempo, complete las siguientes actividades.

1. En clase, en grupos de dos o tres, hablen y describan su propia oficina individual haciendo comparaciones y sugerencias sobre los diferentes planes.
2. Luego, busque cada uno en Internet una compañía hispana real que venda las cosas que quiere: muebles, alfombra, pintura y cualquier otro elemento (cuadros, etc.). Después, prepare una lista de los precios de estas mercancías y haga un presupuesto de los costos para entregárselo al presidente de la empresa.
3. Finalmente, prepárese un informe que detalle todo lo anterior. Haga un informe oral en clase sobre el plan y el presupuesto que se ha preparado.

6-11 Ejercicios auditivos al teléfono: La oficina

Pistas
11 y 12

1. Lea las siguientes preguntas. Después escuche atentamente la conversación telefónica del Capítulo 6 que acompaña el programa *Éxito comercial* y contéstelas en oraciones completas. Puesto que la comprensión auditiva es una destreza comunicativa sumamente importante, se recomienda escuchar la conversación varias veces.

   a. ¿Por qué llama la Sra. Bermúdez al Sr. Sánchez?

   b. ¿Qué quejas específicas tiene la Sra. Bermúdez?

   c. ¿Cómo justifica el Sr. Sánchez las funciones de las computadoras?

   d. ¿Qué les va a sugerir la Sra. Bermúdez a sus operarios?

   e. ¿Qué ofrece hacer el Sr. Sánchez para calmar las inquietudes de sus clientes?

2. Vuelva a escuchar la conversación y complete las siguientes oraciones con las dificultades que los empleados de la Sra. Bermúdez están experimentando con las operaciones del sistema informático recién instalado.

   a. Al encender las computadoras hay una pausa larga durante la cual _____.

   b. Es preocupante _____ que menciona protección contra las infecciones víricas.

3. Vuelva a escuchar la conversación y complete las siguientes oraciones con las explicaciones que ofrece el Sr. Sánchez.

   a. Raúl Sánchez dice que todo eso es _____.

   b. Los iconos representan una _____ que se necesita

   _____ semanalmente.

   c. Las demoras al encender las computadoras tienen que ver con el gran número de

   _____ que los discos duros tienen que cargar.

Los recursos humanos y las relaciones laborales

7-1 Preguntas de orientación

Al hacer la lectura, piense en las respuestas a las siguientes preguntas.

1. ¿Quién es el encargado de recursos humanos y cuáles son sus principales responsabilidades?
2. Al contratar a candidatos, ¿qué tipos de correspondencia tiene que escribir el director de personal?
3. ¿Cuáles son algunos ejemplos de una carta rutinaria en la oficina de personal?
4. ¿Qué debe incluirse en la solicitud de empleo que se manda a una oficina de recursos humanos?
5. ¿Quién redacta la carta de petición de informes?, ¿la carta de referencia?

BREVE VOCABULARIO ÚTIL

anuncio • *announcement*

agradarle a uno • *to be pleasing to*

aspirante (m/f) • *candidate (for a job)*

cargo • *job*

carta de referencia • *reference letter, letter of recommendation*

currículum vitae (m) • *curriculum vitae, résumé (also resumé, resume)*

cursos de capacitación • *training programs*

entrevistar • *to interview*

expediente personal (m) • *résumé (also resumé, resume), dossier, vita, curriculum vitae*

hoja de vida • *resume (also resumé, résumé), dossier, vita, curriculum vitae*

informe (m) • *report*

persona idónea para el puesto • *the right person for the job*

puesto • *job, post*

solicitud de empleo (f) • *employment application*

LECTURA

Las responsabilidades del director de recursos humanos

El director de recursos humanos o de personal es el encargado de evaluar las necesidades humanas de la firma, reclutar a la gente más capacitada, revisar las solicitudes de trabajo recibidas, contratar a la persona idónea para cada puesto, adiestrar u orientar a los recién contratados (ofrecerles programas de capacitación) y evaluarlos. El que tiene esta responsabilidad recibe y redacta una gran variedad de correspondencia. Quizás su tarea más importante sea la contratación de los candidatos más aptos. Para hacerlo eficazmente, el director anuncia el puesto vacante, recibe las solicitudes de empleo y las contesta. Luego se suelen pedir el currículo o historial personal, informes y cartas de referencia para todos los candidatos. En muchos casos, las cartas son rutinarias. Es decir, siguen todas las normas de la carta comercial.

Cartas para el reclutamiento de personal y la solicitud de empleo

1. **Anuncio de un puesto vacante.** Habitualmente, una carta circular se utiliza para comunicarse con las mejores fuentes de candidatos. El director de recursos humanos tiene contactos personales o utiliza los servicios de agencias profesionales dedicadas al reclutamiento de personal. Se usa la computadora para archivar la lista de candidatos para un puesto. El anuncio del puesto vacante debe incluir los siguientes datos: el título del puesto y una descripción de las responsabilidades, la fecha para el cierre de la búsqueda, la fecha para empezar el puesto, el sueldo y los requisitos para la contratación. En EUA, debido a las leyes vigentes, normalmente se incluye una cláusula de descargo de responsabilidad contra la discriminación por sexo, raza, origen nacional, religión, edad u orientación sexual.

2. **Carta de solicitud de empleo y contestación a la solicitud de empleo.** Al leer el anuncio de puestos vacantes, los candidatos mandan una carta a la empresa que ofrece el empleo. La carta de solicitud de empleo es rutinaria e incluye los elementos usuales. Además, el candidato hará lo siguiente:

   - nombrar el puesto específico que solicita, dado que puede haber otros que también se anuncian.
   - indicar la fuente de información por la cual se enteró del puesto anunciado.
   - identificarse brevemente e incluir el currículum vitae y/o los nombres de posibles referencias.
   - expresar la esperanza de una decisión rápida y favorable.

   El director de personal, al recibir la carta de solicitud de empleo y/o el currículum vitae, los archiva y luego redacta una carta de contestación al solicitante acusando recibo de los datos e indicando las posibilidades futuras para una entrevista, etc.

3. **Carta de petición de informes y carta de referencia.** El director de recursos humanos revisa las cartas de solicitud y los expedientes personales recibidos. Después, selecciona a los candidatos más cualificados para el puesto vacante por medio de un plan establecido de antemano. Si el currículum vitae no está incluido ya, se solicitan los informes y/o las cartas de referencia. Para pedirlos, el director redacta una carta que incluye todos los elementos usuales, además de los siguientes:

   - identificar al candidato y a la empresa que pide los datos
   - explicar la necesidad de recibir los datos
   - asegurar la discreción en el uso de los datos
   - agradecer la ayuda proporcionada

   La carta de referencia quizás sea la correspondencia más típica de todas. Se archiva con los otros documentos que acompañan a la solicitud de empleo de cada candidato. Luego se utiliza para verificar los otros datos o para clarificar cualquier duda en los datos originales.

7-2 ¿Qué sabe Ud. de las cartas relacionadas con el personal?

Vuelva a las «Preguntas de orientación» que se hicieron al principio del capítulo y ahora contéstelas en oraciones completas en español.

1. _____

_____

_____

2. _____

_____

_____

3. _____

_____

_____

4. _____

_____

_____

5. _____

_____

_____

CARTA MODELO 7-1. ANUNCIO DE UN PUESTO VACANTE

Ud. quiere ampliar su vocabulario y tener una variedad de términos para usar al escribir y leer cartas en español. Los siguientes ejercicios sirven para alcanzar esta meta.

Palmas Comotores
Avda. Sur 25 con Avda. México
Caracas, Venezuela
Tel: 0212-993.1352 Fax: 0212-993.1353
palcomotor@aol.com
www.palco.com

16 de julio de 201_

Srta. Ana María de Cristóbal
Calle Puntarenas 311
San José, Costa Rica
América Central

Estimada Srta. de Cristóbal:

Como Director de Recursos Humanos de la multinacional Palmas-Comotores, S.A. <u>me place</u> informarle de varios <u>cargos</u> vacantes en la sucursal de nuestra <u>firma</u> de Cali, Colombia. Buscamos un/una gerente general de contabilidad y un/una subgerente de marketing. <u>Haremos</u> las entrevistas durante el mes de septiembre y los puestos nuevos comenzarán el l° de octubre. Ambos puestos requieren cinco años de experiencia administrativa y tienen un sueldo apropiado al nivel de las cualificaciones y la experiencia. Los interesados deben <u>dirigir</u> el <u>currículum vitae</u> y sus referencias a la dirección <u>sobredicha</u> antes del 1° de septiembre.

Le agradezco de antemano por su atención y quedo de Ud.,

<u>Muy atentamente,</u>

PALMAS COMOTORES, S.A.

Rogelio Benavente
Rogelio Benavente
Director de Recursos Humanos

7-3 Ejercicios de vocabulario

1. Dé un sinónimo de las siguientes palabras, usando las que están subrayadas en la Carta modelo 7-1 y otras que Ud. conozca.

   a. susodicha _____   **e.** empresa _____

   b. mandar _____   **f.** puestos _____

   c. se iniciarán _____   **g.** me agrada _____

   d. expediente personal _____   **h.** su seguro servidor _____

2. Vuelva a escribir el texto de la Carta 7-1, reemplazando las palabras subrayadas en la carta con las del ejercicio anterior. Haga todos los demás cambios que resulten necesarios.

_____

_____

_____

_____

_____

_____

_____

_____

_____

_____

_____

_____

CARTA MODELO 7-2. CONTESTACIÓN A LA SOLICITUD DE EMPLEO

18 de enero de 201_

Robert Aviles
300 Sharecropper Road
Tallahassee, FL 44534

Estimado Sr. Aviles:

Acusamos recibo de su atenta del 25 del mes pasado en la que Ud. pide más detalles sobre el puesto de Gerente del Departamento de Contabilidad. Después de haber examinado su expediente personal, hemos decidido ofrecerle la oportunidad de entrevistarse con nuestra firma durante la semana que viene. Le agradeceremos nos llame al número 555-6971 durante las horas laborales de 8:00 a.m. a 5:00 p.m. para concertar una cita.

Le agradezco su interés en nuestra compañía y en espera de su pronta contestación,

Quedo de Ud. muy atentamente,

TELECOMUNICACIONES Y MÁS

Rosaura Gaitán
Rosaura Gaitán
Directora de Recursos Humanos

7-4 Ejercicio de traducción*: Del español al inglés

La empresa donde Ud. trabaja a menudo recibe cartas y documentos importantes o urgentes en español que hay que traducir. Puesto que Ud. conoce ambos idiomas, se le ha pedido que traduzca la Carta 7-2 al inglés, lo cual hace con mucho gusto y esmero.

_____ :

_____

_____

_____

_____

_____

_____

_____

_____

_____

_____

_____

_____

_____

———————————

*OPCIONAL: 1. Para hacer este ejercicio, sírvase usar algún programa de traducción bilingüe para generar una traducción hecha por computadora. Los pasos serán los siguientes: escribir de nuevo la carta original o usar un escáner para traspasar la copia de la carta a su programa de procesamiento de textos, y luego pasar la carta original por el programa de traducción. ¡OJO! Luego hará falta corregir los errores de la traducción automatizada, importantísima actividad que se llama «posrevisión». 2. Haga una traducción visual de la carta. Es decir, traduzca oralmente el texto escrito.

CARTA MODELO 7-3. SOLICITUD DE EMPLEO

February 19, 201_

Telecommunications Plus
345 Northwalk Drive
New York, NY 10001

Dear Sirs:

I am taking this opportunity to send you a copy of my resumé to apply for the position of Assistant Manager of your Marketing/Sales Division that I saw listed in last week's *New York Times*.
I am currently working in a comparable position in a similar firm in another part of the country and I would like to secure a new position in the New York area. I have an excellent background in marketing/sales and an outstanding knowledge of Spanish, both of which can be an asset in your Caribbean branch and the expanding European Union branches.

If you find that my qualifications meet your needs, please contact me at the address or the phone numbers indicated on the attached résumé.

Thanking you very much in advance for your kind attention in this matter, I remain

Sincerely,

Roberta Guzmán
Roberta Guzmán

enc: Résumé

7-5 Ejercicio de traducción*: Del inglés al español

Su jefe/a necesita comunicar pronto el contenido de la Carta 7-3 en español y le ha pedido a Ud. que la traduzca, lo cual hace inmediatamente.

_____ :

_____

_____

_____

_____

_____

_____

_____

_____

_____

_____

_____

_____

_____

_____

_____

_____

_____

*OPCIONAL: 1. Para hacer este ejercicio, sírvase usar algún programa de traducción bilingüe para generar una traducción hecha por computadora. Los pasos serán los siguientes: escribir de nuevo la carta original o usar un escáner para traspasar la copia de la carta a su programa de procesamiento de textos, y luego pasar la carta original por el programa de traducción. ¡OJO! Luego hará falta corregir los errores de la traducción automatizada, importantísima actividad que se llama «posrevisión». 2. Haga una traducción visual de la carta. Es decir, traduzca oralmente el texto escrito.

BORRADOR DE CARTA MODELO 7-4. CONTESTACIÓN A LA SOLICITUD DE EMPLEO

¡OJO! La siguiente carta tiene errores de tipo gramatical u ortográfico. Ud., como gerente, es la persona que firma la carta y por eso es necesario comprobar que no haya ningún error. Lea la carta cuidadosamente y después haga las correcciones directamente en el texto de la carta abajo, de modo que la versión final se pueda enviar libre de errores al destinatario.

El Farmacéutico Contento
Calle Sonriente 113
Bucaramanga, Colombia

19 de octubre de 201_

Héctor Ochoa Alvarez
Calle Principal 35
Bucaramanga, Colombia

Estimado Señor Ocho:

Recibimos su atenta carta del 14 del mes actual y en ella Ud. me ofrece sus servisios de AgenteExclusivo de nuestros productos farmaceuticos en el Departamento de Bucaramanga. En estemomento desaroyamos un plan de ventas y promoción en esa región del país y nos hacen faltamos un nuevo agente por distribuir los productos.

Al revisar suyas referencias y los datos en su currículum vitae, estamos dispuestos a entrevistarte por investigar las posibilidades de conseguir sus servicios.

Le rogamos nos llama por telefono la más pronto posible para concertar una cita. En espera de sus noticias, quedamos de Ud. muy atentamente,

El Farmacéutico Contento

Deborah MacMillan
Deborah MacMillan
Directora de Ventas

7-6 Redacción de cartas

La compañía donde usted trabaja le ha pedido que redacte unas cartas sobre asuntos importantes, cuyas minutas se dan a continuación. Ud. se dedica a la tarea con mucho esmero para despacharla lo antes posible. Dicte o escriba en español una de las siguientes cartas, o ambas, basándose en los siguientes supuestos.

1. *You have just read an advertisement in the magazine* Actualidad económica *of Madrid, Spain, for the position of Director of Accounting for the clothing firm El Ropero, Calle Príncipe 127, Caracas, Venezuela. Apply for the job. Indicate that the references you included in the resume can be contacted at the addresses or phone numbers provided. Indicate that you have six years of similar experience with a company in Barquisimeto and that you would like to move to Caracas to be closer to your family.*

2. *As the Director of Personnel for El Ropero, respond to the letter of application of the previous exercise. Indicate to the applicant that you would like to set up an interview during the next three weeks and ask that he/she call to make an appointment. The job will begin on February 1 and the salary will be commensurate with the level of qualifications and experience which the candidate brings to the job. Indicate that the president of El Ropero, Ibán Zubizarreta, will conduct the interviews personally.*

LECTURA

Documentos necesarios para la contratación de un empleado

Los documentos necesarios para contratar a un empleado son los siguientes: 1) un currículum vitae o un formulario específico que indique datos personales para que los administradores puedan tomar las decisiones necesarias antes de concertar una entrevista para los mejores candidatos; 2) un formulario en el cual el entrevistador ha preparado una lista de preguntas para usar durante la entrevista. Con esta lista de preguntas escritas preparada antes de la entrevista, se pueden (y se deben) hacer las mismas preguntas a todos los candidatos para luego poder comparar sus respuestas.

DOCUMENTO MODELO 7-1. CURRÍCULUM VITAE

JOSÉ MIGUEL BRISAS

1604 MAIN STREET
COLUMBIA, SC 02555
Tel: 802-555-1112
josmibrisas@hotmail.com

OBJETIVO PROFESIONAL
- Conseguir un puesto que me proponga nuevos retos y que me permita desarrollar mi carrera profesional en contabilidad y finanzas internacionales

FORMACIÓN
- University of South Carolina, Columbia, South Carolina
  Bachelor of Arts (Graduación—mayo del 2010)
  IMBA—International Master's in Business Administration (Concentración—International Finance)

Consumer Economics	Buyer Behavior
Seminar/International Economics	Advanced Business Spanish
Issues in Economics	Personnel Management
International Finance	Money and Banking
Advanced Accounting	Business Law

- Colegio Javier, Guayaquil, Ecuador (Graduación—enero de 2002)
- Universidad Católica de Guayaquil, Facultad de Derecho, 2003
- Universidad Católica de Chile, Teología, 2004–05
- Instituto Tecnológico de Estudios Superiores de Monterrey, Monterrey, México, verano 2005
- Universidade Coimbra, Coimbra, Portugal, 2005–2006

EXPERIENCIA PROFESIONAL
- Banco Mundial, Quito, Ecuador. Enero–mayo de 2000. Depto. de Crédito.
- Estudio Jurídico Romero Gaitán, Guayaquil, Ecuador. 2001. Asistente.
- Financiera Invervalor, Guayaquil, Ecuador. 2002. Asistente de Contabilidad.
- Almacenes Brisas Reyes. 2006–08. Gerente de Finanzas.

HABILIDADES Y OBJETIVOS LOGRADOS

Trabajo en equipo
- Dirección exitosa de dos proyectos realizados en equipo con la participación y la motivación de todos los jefes de los departamentos de contabilidad, finanzas y mercadeo en Almacenes Brisas Reyes.
- Formación de un grupo para analizar los aspectos culturales necesarios dentro de Almacenes Brisas Reyes para la planificación, organización y coordinación de los procesos contables entre nuestra casa matriz en Guayaquil, Ecuador y la nueva sucursal en Lima, Perú.

Comunicación
- Desarrollo de habilidades comunicativas en la presentación de cursillos sobre la contabilidad y las finanzas internacionales por Almacenes Brisas Reyes.
- Experiencia profesional en la comunicación oral con Radio 700 en Guayaquil, y en la escrita como Editorialista con el *Diario El Mundo* y la revista *Alta Voz* en Cuenca, Ecuador.

Idiomas
- Inglés fluido, con estancia de dos años en EUA.
- Portugués fluido, después de un año de estudios en Coimbra, Portugal.

HONORES
- Beca de la Universidad de Carolina del Sur. Agosto–diciembre de 2010.

PERSONAL
- Socio, Cámara Oficial Española de Comercio en el Ecuador.
- Socio, Club Deportivo Real, Barcelona.
- Canal 7, Presentador de Atracciones de Tenis.
- Radio 700, Programa al Final de la Jornada.
- Editorialista, *Diario El Mundo* y revista *Alta Voz*, Cuenca, Ecuador.

7-7 Ejercicio: Currículum vitae

Use una computadora para preparar o actualizar su propio currículum vitae profesional en español. Busque en Internet otros modelos de currículo para discutir y/o usarlos.

DOCUMENTO MODELO 7-2. FORMULARIO DE EVALUACIÓN DEL/DE LA CANDIDATO/A

EVALUACIÓN DEL/DE LA CANDIDATO/A

Fecha de la entrevista _____ *15 junio 201_* _____

Nombre del/de la entrevistado/a _____ *Elena Vargas* _____

Puesto _____ *Subdirector de Finanzas* _____

Cualidades deseadas: _____ *Inteligencia, perspicacia, experiencia en un Departamento de Finanzas* _____

Preguntas:

_4_ 1. *¿Qué preparación tiene Ud. para este trabajo?* _____

_3_ 2. *¿Por qué escogió la carrera universitaria que cursó?* _____

_3_ 3. *¿Qué sabe Ud. de nuestra empresa?* _____

_4_ 4. *¿Cómo lo/la describiría su jefe de trabajo?* _____

_4_ 5. *¿Por qué deberíamos contratarlo/la a Ud.?* _____

4/sobresaliente 3/notable 2/aceptable 1/inaceptable

Observaciones:

Atributos y preparación sobresalientes. Personalidad energética. Muy atenta a los detalles. Parece

ser una persona idónea para el puesto.

_____

_____

Entrevistador/a _____ *Mario Saavedra* _____

_____

7-8 Ejercicio: Formulario para la evaluación de un/a candidato/a

Ud. tiene que evaluar a un/una candidato/a para un puesto en su empresa. Prepare el formulario (hace falta crear las preguntas que se harán) para la entrevista. Practique la entrevista con un/a compañero/a de clase e indique los resultados.

EVALUACIÓN DEL/DE LA CANDIDATO

Fecha de la entrevista _____

Nombre del/de la entrevistado/a _____

Puesto _____

Cualidades deseadas: _____

_____

Preguntas:

__1. _____

__2. _____

__3. _____

__4. _____

__5. _____

4/sobresaliente   3/notable   2/aceptable   1/inaceptable

Observaciones:

_____

_____

_____

Entrevistador/a _____

_____

7-9 Problema numérico-comercial

Ud. solicita empleo con una firma a la cual le hace falta personal para trabajar con sus nuevos clientes en Venezuela. Ud. tiene entendido por medio de un/a amigo/a que la compañía paga 20 dólares por hora con la posibilidad de un traslado a Venezuela si Ud. consigue más clientes en Caracas.

Haga los siguientes ejercicios:

1. ¿Cuánto ganará de sueldo si trabaja 40 horas semanales por 52 semanas?
2. ¿Cuánto será su sueldo el año que viene si se le da a Ud. un aumento de 5%?

7-10 Informe empresarial: Actividad mercantil y electrónica

El/la presidente/a de la empresa donde Ud. trabaja le pide una descripción del gerente que Ud. busca en su propia empresa o en la de su grupo. Describa las características, las cualidades de comportamiento, la experiencia y las habilidades técnicas que le hacen falta. Además, indique los niveles de sueldo y la forma de pago. Luego, si hay tiempo, complete las siguientes actividades en grupos o individualmente.

1. En grupos de dos o tres personas, hablen del/de la gerente que buscan al hacer preguntas para aclarar las calificaciones del/de la posible candidato/a o de los cargos que tendrá que desempeñar. Para ayudarle, busquen sitios o agencias de trabajo en Internet que pueden proporcionar alguna información sobre los requisitos para este tipo de trabajo. Luego, redacten su propio informe con modificaciones basadas en las sugerencias y las nuevas ideas.

2. Preparen después un formulario de evaluación para evaluar la calidad de la realización de los deberes por el/la gerente. Para determinar su éxito empresarial, cada pregunta debe relacionarse con un aspecto o requisito del antedicho cargo. Indiquen también los posibles ascensos y aumentos de sueldo previstos.

3. Den, en grupo, un informe oral en clase sobre el presupuesto y el plan de evaluación en que cada miembro participe.

7-11 Ejercicios auditivos al teléfono: Los recursos humanos y las relaciones laborales

Pistas 13 y 14

1. Lea las siguientes preguntas. Después escuche atentamente la conversación telefónica del Capítulo 7 que acompaña el programa *Éxito comercial* y contéstelas en oraciones completas. Puesto que la comprensión auditiva es una destreza comunicativa sumamente importante, se recomienda escuchar la conversación varias veces.

   a. ¿Por qué llama la Sra. Maldonado de Miami al Sr. González de la Vega en Caracas?
   b. ¿Por qué no eliminó las preguntas del Sr. González el gerente general en Caracas?
   c. ¿Cuáles son los temas que no se permiten incluir en las entrevistas en los Estados Unidos?
   d. ¿Qué otros medios sugirió la Sra. Maldonado para reemplazar las preguntas eliminadas?

2. Vuelva a escuchar la conversación y complete las siguientes oraciones con una descripción de las actividades planeadas por Hugo González de la Vega, Director de Recursos Humanos en la sucursal de Petroproductos en Caracas.

    a. Están a punto de _____ a candidatos para unos puestos vacantes en marketing.

    b. Han preparado ya una _____ para las entrevistas.

3. Vuelva a escuchar la conversación telefónica y complete las siguientes oraciones con las recomendaciones de la señora Maldonado sobre la lista de preguntas.

    a. Ella indica varias preguntas que no se pueden incluir en la lista por razones _____.

    b. De acuerdo con la ley en empresas estadounidenses, no se permite pedir información sobre

    _____, _____ ni _____ de los candidatos.

Bienes y servicios

8-1 ## Preguntas de orientación

Al hacer la lectura, piense en las respuestas a las siguientes preguntas.

1. ¿Qué es una carta o formulario de solicitud de cotización y cuándo se expide?
2. ¿Qué es una carta de cotización y qué información proporciona?
3. ¿Qué es una carta u orden de pedido y cuáles son sus requisitos?
4. ¿Cuándo se redacta la carta de reclamación y cómo debe ser esta carta?
5. ¿Qué es un vale y cuándo se usa?

BREVE VOCABULARIO ÚTIL

ajuste (m) • *adjustment*

averiado • *damaged*

bien (m) • *good*

carta • *letter*

    de cobro • *collection letter*

    de cotización • *quotation letter*

    de pedido • *order letter*

    de reclamación • *letter of complaint*

    de solicitud de cotización • *letter requesting price quotation*

comprobante (m) • *proof, voucher*

devolución • *return of goods, refund of money*

factura • *invoice*

formulario de solicitud de cotización • *quotation form*

mercadería • *merchandise*

orden de pedido (f) • *order form*

proveedor/a • *supplier*

realizar • *to carry out, execute, conduct*

remesa • *shipment, remittance*

señas • *address*

vale (m) • *voucher*

LECTURA
Cartas y documentos referentes a los bienes y servicios

La producción de bienes y servicios es un proceso complejo que comprende, entre otras cosas, la redacción y el envío de varias cartas y documentos comerciales dentro y fuera de la empresa. Además de las cartas y los documentos que se han tratado en capítulos anteriores, figuran los siguientes:

1. **Carta o formulario de solicitud de cotización.** Cuando se le pide a la sección o departamento de compras ciertos artículos que se necesitan para la operación de la empresa, ésta les envía una carta de solicitud de cotización a sus proveedores con la siguiente información:

   - identificación de la firma solicitante y el propósito de la carta (en el formulario aparecerá el número de control de la solicitud de cotización).
   - lugar y fecha de la solicitud.
   - señas del proveedor.
   - descripción y cantidad de las mercancías solicitadas.
   - firma del solicitante.

2. **Carta de cotización.** Es la que los proveedores envían cuando reciben una solicitud de cotización. Proporciona la información solicitada y a menudo lleva adjunto un catálogo con una descripción y lista de precios de todas las mercaderías y una orden de pedido.

3. **Carta u orden de pedido.** Es la que el comprador le expide al proveedor para efectuar la compra de mercancías. Como tal, es un contrato de compraventa que precisa todos los datos necesarios para efectuar la transacción: la descripción de catálogo de las mercancías, la cantidad pedida, el precio, las condiciones y la forma de pago, el transporte y los seguros. Esta carta suele adjuntarse a un formulario u orden de pedido.

4. **Carta de reclamación.** Este tipo de carta se redacta y envía para pedir un ajuste al incumplimiento de un convenio acordado entre el comprador y el vendedor. Este incumplimiento se debe a menudo al envío de una remesa equivocada o de una calidad o cantidad diferente de lo pedido o a la recepción de mercancías averiadas o en mal estado, o a una factura con un importe distinto del que se ha acordado en el convenio. También se puede escribir a causa de la pérdida de una remesa (la mercadería nunca llegó). Tanto esta carta como su respuesta tienen que ser claras y firmes, pero con un tono respetuoso y cortés, haciendo constar lo que se reclama y cómo se puede solucionar el problema a la entera satisfacción de las partes involucradas.

5. **Vale.** Muy a menudo, dentro de una empresa, se necesita dinero para pagarle por adelantado a un empleado por cierto producto necesario para despachar un trabajo. El vale sirve tanto para realizar este valor o bien así como de comprobante. En general, es un impreso que precisa el tipo y cantidad del valor o producto que se quiere sacar y contiene la fecha de expedición y el nombre y la firma del solicitante y de la persona que autoriza el vale.

8-2 ¿Qué sabe Ud. sobre las cartas y comunicados referentes a los bienes y servicios?

Vuelva a las «Preguntas de orientación» que se hicieron al principio del capítulo y ahora contéstelas en oraciones completas en español.

1. _____

_____

_____

2. _____

_____

_____

3. _____

_____

_____

4. _____

_____

_____

5. _____

_____

_____

CARTA MODELO 8-1. CARTA DE SOLICITUD DE COTIZACIÓN

Lea la siguiente carta y haga los ejercicios a continuación.

JORDAN'S DELICATESSEN, Inc.
34-12 90th Street
Jackson Heights, New York 11372
Tel: (718) 546-5496 Fax: (718) 546-5497
jordeli@aol.com

5 de octubre de 201_

ALIMENTOS COLOMBIANOS, S.A.
Carrera 43
Medellín, Colombia,

Muy señores míos:

Acabamos de abrir varias tiendas en esta ciudad para vender alimentos y bebidas hispanas de alta calidad a todos nuestros compradores.

Como es sabido, su firma produce la mejor y más variada comida hispana enlatada y bebidas embotelladas y, según tenemos entendido, a los mejores precios por cantidad. Por lo tanto, les agradeceríamos se sirvieran cotizarnos a la mayor brevedad posible los precios de los siguientes artículos y los costos del flete y los seguros:

   16 cajas de latas de 10 onzas de arroz de coco Estrellita
   18 cajas de botes de 10 onzas de empanadas Paisa
   18 cajas de café Tinto

También nos interesa recibir el último catálogo de toda su línea de productos así como alguna información sobre los descuentos, las condiciones de pago y las devoluciones.

En espera de su pronta contestación, quedamos de Uds. muy atentamente,

JORDAN'S DELICATESSEN, INC.

Marta de Sandoval
Marta de Sandoval
Gerente de Compras

Nombre _____ Clase _____ Fecha _____

8-3 Ejercicios de vocabulario

1. Dé un sinónimo de las siguientes palabras o frases, al usar las que están subrayadas en la Carta 8-1 y otras que Ud. conozca.

   a. indicarnos _____ **e.** gama _____

   b. géneros _____ **f.** respuesta _____

   c. elabora _____ **g.** clientes _____

   d. transporte _____ **h.** volumen _____

2. Vuelva a escribir el texto de la Carta 8-1, reemplazando las palabras subrayadas en la carta con las del ejercicio anterior. Haga todos los demás cambios que resulten necesarios.

_____

_____

_____

_____

_____

_____

_____

_____

_____

_____

_____

_____

_____

_____

_____

_____

_____

CARTA MODELO 8-2. CARTA DE COTIZACIÓN

ALIMENTOS COLOMBIANOS, S.A.
Carrera 43
Medellín, Colombia
Tel: (57-4) 555-8000 Fax: (57-4) 555-8025
alimenhispanos@cablenet.col

15 de octubre de 201_
Sra. Marta de Sandoval
Gerente de Compras
Jordan's Delicatessen. Inc.
34-12 90th Street
Jackson Heights, New York 11372

Estimada Sra. Sandoval:

Respecto a su carta del 5 de octubre, nos agrada indicarle a continuación las cotizaciones de las mercaderías pedidas:

Cantidad	Descripción	Precio Unit.	Total
16 cajas	Arroz de coco Estrellita, latas de 10 onz.	35.00 (USD)	_____
18 cajas	Empanadas Paisa botes de 10 onz.	25.00 (USD)	_____
18 cajas	Café Tinto latas de 24 onz.	15.00 (USD)	_____
		Importe total	_____

Estos precios estarán en vigor hasta el 30 de diciembre del actual. Habitualmente, le concedemos el 10% de desc. por pago anticipado.

Remitimos la hoja de los costos de seguros y flete así como los términos de pago, los cuales esperamos sean todos de su agrado.

También adjuntamos el catálogo de toda nuestra gama de mercancías y los precios actuales.

Esperamos tener el placer de poder atenderla a la mayor brevedad y le agradecemos su interés en nuestros productos. Sin otro particular, quedo de Ud.,

Muy atentamente,

Ruperto Romero
Ruperto Romero
Gerente de Ventas

Anexos: lista de precios, seguros y flete y catálogo de productos

8-4 Ejercicio: Cálculos

Calcule la suma de cada renglón de la Carta 8-2 y el importe total y ponga las respuestas en la misma carta.

8-5 Ejercicio de traducción*: Del español al inglés

La empresa donde Ud. trabaja a menudo recibe cartas y documentos importantes o urgentes en español que hay que traducir. Puesto que Ud. conoce ambos idiomas, se le ha pedido que traduzca la Carta 8-2 al inglés, lo cual hace con mucho gusto y esmero.

_____ :

_____

_____

_____

_____

_____

_____

_____

_____

_____

_____

_____

_____

_____

_____

_____

_____

_____

*OPCIONAL: 1. Para hacer este ejercicio, sírvase usar algún programa de traducción bilingüe para generar una traducción hecha por computadora. Los pasos serán los siguientes: escribir de nuevo la carta original o usar un escáner para traspasar la copia de la carta a su programa de procesamiento de textos, y luego pasar la carta original por el programa de traducción. ¡OJO! Luego hará falta corregir los errores de la traducción automatizada, importantísima actividad que se llama «posrevisión». 2. Haga una traducción visual de la carta. Es decir, traduzca oralmente el texto escrito.

CARTA MODELO 8-3. CARTA DE PEDIDO

JORDAN'S DELICATESSEN, Inc.
34-12 90th Street
Jackson Heights, New York 11372
Tel: (718) 546-5496 Fax: (718) 546-5497
jordeli@aol.com

November 22, 201_

Mr. Ruperto Romero
ALIMENTOS COLOMBIANOS, S.A.
Carrera 43
Medellín, Colombia

Dear Mr. Romero:

I acknowledge receipt of your letter of October 15th and want to thank you for the price quotations as well as the catalog. We trust that the prices have not changed since last month and are glad that you continue to offer a wide variety of goods.

We would like to order the following products:

Quantity	Description	Unit Price	Total
16 cases	Rice Pudding 10 oz. cans	$35.00 (USD)	_____
18 cases	Meat Pies 16 oz. jars	25.00 (USD)	_____
18 cases	Coffee 24 oz. cans	15.00 (USD)	_____
		Total cost	_____

As usual, please charge this order, including the costs of freight and insurance, to our account.

Hoping to receive the shipment in the usual timely fashion and thanking you in advance for your attention.

Sincerely yours,

Marta de Sandoval
Marta de Sandoval
Purchasing Manager

MS/df

8-6 Ejercicio: Cálculos

Calcule la suma de cada renglón de la Carta 8-3 y el importe total.

8-7 Ejercicio de traducción*: Del inglés al español

Su jefe/a necesita comunicar pronto el contenido de la Carta 8-3 en español y le ha pedido a Ud. que la traduzca, lo cual hace inmediatamente.

_____

_____

_____

_____

_____

_____

_____

_____

_____

_____

_____

_____

_____

_____

_____

_____

_____:

_____

*OPCIONAL: 1. Para hacer este ejercicio, sírvase usar algún programa de traducción bilingüe para generar una traducción hecha por computadora. Los pasos serán los siguientes: escribir de nuevo la carta original o usar un escáner para traspasar la copia de la carta a su programa de procesamiento de textos, y luego pasar la carta original por el programa de traducción. ¡OJO! Luego hará falta corregir los errores de la traducción automatizada, importantísima actividad que se llama «posrevisión». 2. Haga una traducción visual de la carta. Es decir, traduzca oralmente el texto escrito.

BORRADOR DE CARTA MODELO 8-4. CARTA DE RECLAMACIÓN

¡OJO! La siguiente carta tiene errores de tipo gramatical u ortográfico. Ud., como gerente, es la persona que firma la carta y por eso es necesario comprobar que no haya ningún error. Lea la carta cuidadosamente y después haga las correcciones directamente en el texto de la carta que aparece abajo, de modo que la versión final se pueda enviar libre de errores al destinatario.

JORDAN'S DELICATESSEN, Inc.
34-12 90th Street
Jackson Heights, New York 11372
Tel: (718) 546-5496 Fax: (718) 546-5497
jordeli@aol.com

22 de enero de 201_

Sr. Ruperto Romero
Gerente de Ventas
ALIMENTOS COLOMBIANOS, S.A.
Carrera 43
Medellín, Colombia

Re.: Pedido No. 728

Estimado Sr. Romero:

Recibimos su envió de diez cajas de piña enlatadas Estrellita, el cual nos ha yegado esta tarde.

Sentimos informarte que este paqete no solo ha demorado más que tres semanas el llegar, sino que ha llegado en mal estado debido, al parecer, al mal empaque. Además, no se ajusta la remesa a nuestro pedido. Según éste, se nos debería haber enviado diez cajas de fruta tropical mista.

Debemos manifestarte que estos percances se nos ha costado dinero, tiempo y clientes. Les agradeceremos me despacha a la mayor brevedad posible las mercancías del pedido No. 728 (copia adjunta) y que nos favorece con un discuento de 10% de la factura sin cobrarnos los gastos de transporte y seguros.

Entretanto, te adjuntamos una descripción de la mercancía en malestar y esperamos recibir tanto la nueva remesa y las instrucciones respecto a la disposición de la que nos llegó aberiada.

Quedamos de Ud. muy atentamente,

JORDAN'S DELICATESSEN, INC.

Marta de Sandoval
Marta de Sandoval
Gerente de Compras

Anexos: Pedido No. 728 y descripción de mercansía aberiada

MS/df

8-8 Redacción de cartas

La compañía donde usted trabaja le ha pedido que redacte unas cartas sobre asuntos importantes, cuyas minutas se dan a continuación. Ud. se dedica a la tarea con mucho esmero para despacharla lo antes posible. Dicte o escriba en español una de las siguientes cartas, o ambas, basándose en los siguientes supuestos.

1. *As an assistant sales manager for the partnership IMPRENTA POPULAR (located on 25 W. Flagler, Miami, Florida, 33130; tel: [305] 1555-6700, fax: [305] 1555-6743), write a letter to LIBRERÍA HISPÁNICA, LTD. (located at Carrera 23, Bogotá, Colombia), quoting the prices for 1,500 copies of three Spanish books. Use your own prices and fulfill all other requirements for this type of letter.*

2. *As an assistant to the general manager of JORDAN'S DELICATESSEN (see letter 8-1 for the address), write a letter to COMIDAS PUERTORRIQUEÑAS, S.A., (234 Ponce de León Avenue, San Juan, Puerto Rico 00936) registering a complaint about the delivery of ten cases of damaged nougat candy (turrón) and asking for compensation, especially since you hoped to sell this holiday favorite during the upcoming Christmas season. Let the supplier know that you will lose money and clients unless he/she can make good.*

DOCUMENTO MODELO 8-1. EL VALE

ALMACENES SANCHEZ, S.R.L.
Carerra 39 No. 10-2
Medellín, Colombia

Vale por:	*2 escobas*
Para:	*Limpieza*
Entregado a:	*Jorge Sáenz*
Cargado:	*a la cuenta del Depto. de Limpieza*
Fecha:	*12 de octubre de 201_*

Jorge Sáenz

8-9 Ejercicio: El vale

Como ayudante del gerente de producción de Talleres Gómerez, S. en C., complete el vale por tres cajas de tornillos B-10 y 5 martillos.

TALLERES GÓMEREZ, S. en C.
Avda. América 100,
Quito, Ecuador

Vale por: _____

Para: _____

Entregado a: _____

Cargado: _____

Fecha: _____

_____

8-10 Problema numérico-comercial

La compañía «Aparatos Coléctricos», almacén colombiano que vende al por mayor, le hace el siguiente pedido:

Mercancía	Precio unitario	Precio total (en pesos colombianos)
10 televisores LDT 4200 LCD Plana (pantalla de 42 pulgadas)	$1.286.000 (COP)	_____
8 secadoras de ropa eléctricas	600.000 (COP)	_____
9 neveras (215 litros)	870.000 (COP)	_____
14 radios deportivos de transistores	93.000 (COP)	_____
Importe		_____
Seguros y flete		_____
Importe total		_____

Para despachar la remesa:

1. Calcule el precio total de cada artículo y asiente los resultados en la columna apropiada.

2. Luego, calcule la suma de los seguros y flete, los cuales figuran como un 5% del precio de las mercancías. Asiéntela en la misma columna al final y calcule el importe total.

8-11 Informe empresarial: Actividad mercantil y electrónica

A usted y a su/s compañeros/as de oficina les hace falta comprar ciertos artículos para la empresa donde trabajan, entre ellos, varios efectos de escritorio y algunas máquinas. Haga una lista de las cosas que necesitan. Luego, repartan el trabajo entre Uds. y hagan las siguientes actividades.

1. Busquen en Internet el nombre de una compañía hispana (preferiblemente ecuatoriana o colombiana) que vende los productos que les hacen falta.

2. Luego, redacten una carta en la que le solicitan a esta compañía las cotizaciones de las mercancías enumeradas y luego redacten una repuesta.

3. Al recibir la respuesta luego redacten una repuesta (la lista de precios de las mercancías que les interesan), redacten una carta para pedir las mercancías que les hagan falta.

Después de unas semanas, llega la remesa, pero en mal estado. Escriban una carta de reclamación, pidiéndole a la compañía vendedora que recompense a su empresa. El vendedor debe devolver el dinero pagado o debe enviarles de nuevo las mismas mercancías.

Preparen un informe que contenga todo lo anterior y preséntenlo brevemente (dos minutos) a la clase haciendo que cada miembro del grupo participe en la presentación.

8-12 Ejercicios auditivos al teléfono: Bienes y servicios

Pistas
5 y 16

1. Lea las siguientes preguntas. Después escuche atentamente la conversación telefónica del Capítulo 8 que acompaña el programa de *Éxito comercial* y contéstelas en oraciones completas. Puesto que la comprensión auditiva es una destreza comunicativa sumamente importante, se recomienda escuchar la conversación varias veces.

   a. ¿Por qué llama Goods a Colombia?
   b. ¿De qué problemas quiere tratar Goods especialmente?
   c. ¿Qué responde el gerente de producción colombiano?
   d. ¿Qué diferencias culturales parecen dificultar un mayor entendimiento entre los dos hombres?

2. Vuelva a escuchar la conversación y complete las siguientes oraciones con las quejas del Sr. Goods sobre las operaciones de la fábrica en Colombia.

   a. Parece que la producción _____ un 30%.

   b. Los obreros no se sirven de las nuevas _____ ni se ajustan a los

      nuevos _____.

   c. Los obreros se ausentan más y _____ a la fábrica.

3. Vuelva a escuchar la conversación y complete las oraciones con las justificaciones del Sr. Herrero en defensa de sus obreros.

   a. Los obreros no son _____.

   b. Hace falta _____ que les pueda enseñar a operar las nuevas máquinas.

   c. Los horarios son _____ e _____ y les obligan a los obreros a trabajar siete días a cualquier hora.

Marketing I: Los mercados y la publicidad

9-1 Preguntas de orientación

Al hacer la lectura, piense en las respuestas a las siguientes preguntas.

1. ¿Para qué sirve un sondeo o una encuesta de marketing?
2. ¿Qué elementos se consideran típicamente en una encuesta de marketing?
3. ¿Cuál es el propósito de las relaciones públicas?
4. ¿Qué impresión debe crear una circular de publicidad?
5. ¿Cuál es el propósito de una circular publicitaria?

BREVE VOCABULARIO ÚTIL

aficionado • *sports fan*
alojamiento • *lodging*
comitiva • *group, delegation*
consumidor/a presunto/a • *potential customer*
degustación de vino • *wine tasting*
derrota • *defeat, loss*

encuesta • *survey*
experimentar • *to experience*
promover • *to promote (a product)*
sondeo • *opinion poll, survey*
vencedor/a • *winner*
viaje de ida y vuelta • *round trip*

LECTURA

Cartas, documentos y comunicados publicitarios

Un elemento clave del marketing es el esfuerzo publicitario que hace una empresa para llamar la atención de los presuntos consumidores sobre sus productos o servicios. Para saber quiénes y cómo son los presuntos compradores, es necesario hacer una investigación del mercado para poder dividirlo en segmentos en los cuales se agrupan a individuos con deseos y necesidades semejantes. Puede ser muy útil hacer un sondeo o una encuesta para conocer mejor quién es el cliente y qué es lo que quiere. Típicamente se consideran factores como la edad del consumidor, el sexo, el sueldo o salario, la clase social, la ubicación, el lugar geográfico, el nivel de educación, etc. De este modo se empieza a reducir un mercado impreciso y genérico a uno más específico para los productos y servicios que se piensan ofrecer.

Además de intentar identificar al presunto cliente, los fabricantes y las empresas también se sirven de las relaciones públicas y de los anuncios para promover la venta de sus productos y servicios. Las relaciones públicas se utilizan para despertar y aumentar el interés del público por una empresa. Su propósito inmediato no es vender un producto o servicio, sino informar (educar) de algún modo al público sobre la compañía. Los anuncios, en cambio, sí tienen como fin inmediato la venta de productos y servicios. Generalmente, constan de una descripción (tamaño, color, etc.) del producto, sus usos y beneficios, y un lema llamativo para que el consumidor se acuerde fácilmente del producto. También pueden explicar cómo el producto se distingue de otros que ya se ofrecen en el mercado e indicar tanto el lugar, momento y precio de venta como la forma de pago (al contado o a crédito, descuentos, plazos de pago, etc.).

La correspondencia típica relacionada con la publicidad trata de temas como los siguientes: la oferta de un nuevo producto o servicio profesional, el anuncio de una modificación en los precios o de una rebaja de algunos artículos, la constitución de una nueva empresa o la inauguración de una nueva sucursal. Este tipo de correspondencia forma parte de la llamada comunicación en masa, pues una misma carta, impresa o fotocopiada, se envía a centenares o miles de clientes. Sin embargo, es mejor si esta circular crea la impresión de que es una carta original dirigida a un individuo.

Las circulares que anuncian un producto o servicio deben llamar inmediatamente la atención del lector sobre el producto, despertando su interés para que continúe leyendo. Deben explicar qué y cómo es el producto al hacer resaltar sus cualidades especiales. También se puede explicar dónde, cuándo y cómo se puede comprar el producto o servicio. Es aconsejable repetir varias veces el nombre del producto para que quede grabado en la mente del consumidor. Si la empresa ya tiene otros anuncios para el mismo producto, la circular debe conservar el mismo tono que se utiliza en ellos para que los consumidores comprendan que se trata del mismo producto que ya conocen. El propósito es siempre animar al presunto consumidor a la compra, es decir, llevarlo de un conocimiento a una acción. La meta es informar y persuadir. Por eso, la circular publicitaria requiere un cuidado esfuerzo persuasivo.

9-2 ¿Qué sabe Ud. sobre las cartas, los documentos y los comunicados publicitarios?

Vuelva a las «Preguntas de orientación» que se hicieron al principio del capítulo y ahora contéstelas en oraciones completas en español.

1. _____

_____

_____

2. _____

_____

_____

3. _____

_____

_____

4. _____

_____

_____

5. _____

_____

_____

CARTA MODELO 9-1. OFERTA DE UN NUEVO PRODUCTO

Ud. quiere ampliar su vocabulario y tener mayor variedad de términos para usar al escribir y leer cartas en español. Los siguientes ejercicios sirven para alcanzar esta meta.

MUNDOSPORT, S.A.
Calle Vecchia—2°8
Buenos Aires, Argentina
Tel: 4960-0882
mundosport@ccs.cl

15 de enero de 201_

Sr. Ricardo Aldecoa
Avenida Camacho 180
Lima, Perú

Distinguido amigo:

Es un placer <u>comunicarnos contigo</u> en esta feliz ocasión para anunciar la <u>publicación</u> de *Mundosport*, la nueva revista deportiva que tanta falta ha hecho en nuestro país. *Mundosport* finalmente responde a la necesidad de <u>aficionados</u> como tú que quieren mantenerse informados sobre la actualidad deportiva no sólo de la Argentina sino, como lo <u>demuestra</u> su título, de todo el mundo. Los <u>entrevistadores</u> de *Mundosport*, todos ellos profesionales con muchos años de experiencia, te traerán <u>cada semana</u> las últimas noticias sobre superestrellas como Kaká[1], Juan Martín del Potro, Ángel Cabrera («El Pato»), Serena Williams y Ryan Howard. En las páginas de *Mundosport* te enterarás de quiénes son los <u>ganadores</u>, quiénes los perdedores y por qué. Con *Mundosport* podrás <u>experimentar</u> la pasión de la victoria y el abismo de la <u>derrota</u> cuando hablan con nosotros, en palabras y en fotos a todo color, los <u>personajes</u> más importantes del mundo de los deportes en nuestra época.

Completa el cupón adjunto o llámanos para recibir tu primer número de esta novísima y espectacular revista deportiva, Mundosport, creada para individuos como tú. *Mundosport* —y, Kaká, del Potro, Cabrera, Williams y Howard— ¡te esperamos!

MUNDOSPORT

Alicia Guerrero Montemayor
Alicia Guerrero Montemayor
Editora

---

[1] Ricardo Izecson dos Santos Leite (Brasilia, Distrito Federal, Brasil; 22 de abril de 1982), conocido por Kaká, juega con el equipo Real Madrid. El atleta brasileño es el futbolista mejor pagado del mundo.

9-3 Ejercicios de vocabulario

1. Dé un sinónimo de las siguientes palabras o frases, usando las que están subrayadas en la carta y otras que Ud. conozca.

   a. indica _____

   b. vivir _____

   c. semanalmente _____

   d. creación _____

   e. fracaso _____

   f. protagonistas _____

   g. vencedores _____

   h. lectores _____

   i. escribirte _____

   j. reporteros _____

2. Vuelva a escribir el texto de la Carta 9-1, reemplazando las palabras subrayadas en la carta con las del ejercicio anterior. Haga todos los demás cambios que resulten necesarios.

   _____

   _____

   _____

   _____

   _____

   _____

   _____

   _____

   _____

   _____

   _____

   _____

   _____

   _____

   _____

   _____

   _____

CARTA MODELO 9-2. OFERTA DE SERVICIOS PROFESIONALES

VIAJES COLÓN, S.A.
Avda. Talara 897
Lima, Perú
Tel: (51-11) 444-667 Fax: (51-11) 444-679
viajescolon@aol.com

22 de mayo de 201_

Enrique Manrique Santos y familia
Calle San Pedro 139
Arequipa, Perú

Muy amigos nuestros:

Se está aproximando la época festival, ese magnífico tiempo de vacaciones. ¿Qué harán cuando les lleguen finalmente estos días agradables y calurosos? ¿Se quedarán en casa con un libro en la mano, soñando con lugares y personajes exóticos y divertidos o prefieren probar con VIAJES COLÓN esa vida apasionante que tantas veces leemos en las páginas de los romances? VIAJES COLÓN les puede ayudar a lograr sus sueños de viajar a lugares remotos, exóticos y emocionantes y de conocer a otras fascinantes culturas.

VIAJES COLÓN, con cien años de servicios para nuestros clientes, anuncia que durante el mes de junio ofrecerá viajes de comitiva a Francia, Italia, Escocia, Estados Unidos (¡Nueva York, Boston, Washington, Los Ángeles y San Francisco!). Nuestras tarifas (véanse la lista adjunta) incluyen todos los gastos de ida y vuelta, de alojamiento y de comidas en hoteles de lujo. No se pierdan esta oportunidad de viajar cómodamente y con nuevos amigos a tierras lejanas y legendarias. Espero que nos llamen para que VIAJES COLÓN les ayude a hacer que su verano sea de veras inolvidable.

VIAJES COLÓN

Margarita Pineda Velázquez
Margarita Pineda Velázquez
Directora

Anexo: 1 lista de precios

Nombre _____ Clase _____ Fecha _____

9-4 Ejercicio de traducción*: Del español al inglés

La empresa donde Ud. trabaja a menudo recibe cartas y documentos importantes o urgentes en español que hay que traducir. Puesto que Ud. conoce ambos idiomas, se le ha pedido que traduzca la Carta modelo 9-2 al inglés, lo cual hace con mucho gusto y esmero.

_____ :

_____

_____

_____

_____

_____

_____

_____

_____

_____

_____

_____

_____

_____

_____

_____

_____

_____

*OPCIONAL: 1. Para hacer este ejercicio, sírvase usar algún programa de traducción bilingüe para generar una traducción hecha por computadora. Los pasos serán los siguientes: escribir de nuevo la carta original o usar un escáner para traspasar la copia de la carta a su programa de procesamiento de textos, y luego pasar la carta original por el programa de traducción. ¡OJO! Luego hará falta corregir los errores de la traducción automatizada, importantísima actividad que se llama «posrevisión». 2. Haga una traducción visual de la carta. Es decir, traduzca oralmente el texto escrito.

CARTA MODELO 9-3. ANUNCIO DE REBAJA DE PRECIOS

BREWLANDIA
333 Main Blvd.
San Diego, CA 92138
Tel: (619) 564-5644 Fax: (619) 564-5655
brewlandia@aol.com

October 1, 201_

Dear Customer:

BREWLANDIA has the pleasure to announce that it will be holding a three-day sale on all items in inventory from October 10–12. All our beers—Mexican, German, Dutch, Canadian, and American—will be discounted 10–15% so that our customers can replenish their own stock at home at tremendous savings. We will also host beer tastings so that you can try out new brews from Eastern Europe and South America. To take advantage of this sale, just stop by with this letter October 10–12. Remember, a hearty meal can never truly be satisfying without a fine beer from BREWLANDIA.

We look forward to seeing you.

Sincerely,

Bill
Bill González
Store Manager

9-5 Ejercicio de traducción*: Del inglés al español

Su jefe/a necesita comunicar pronto el contenido de la Carta 9-3 en español y le ha pedido a Ud. que la traduzca, lo cual hace inmediatamente.

_____ :

_____

_____

---

*OPCIONAL: 1. Para hacer este ejercicio, sírvase usar algún programa de traducción bilingüe para generar una traducción hecha por computadora. Los pasos serán los siguientes: escribir de nuevo la carta original o usar un escáner para traspasar la copia de la carta a su programa de procesamiento de textos, y luego pasar la carta original por el programa de traducción. ¡OJO! Luego hará falta corregir los errores de la traducción automatizada, importantísima actividad que se llama «posrevisión». 2. Haga una traducción visual de la carta. Es decir, traduzca oralmente el texto escrito.

_____

_____

_____

_____

_____

_____

_____

_____

_____

_____

_____

_____

_____

_____:

BORRADOR DE CARTA MODELO 9-4. INAUGURACIÓN DE UNA SUCURSAL

¡OJO! La siguiente carta tiene errores de tipo gramatical u ortográfico. Ud., como gerente, es la persona que firma la carta y por eso es necesario comprobar que no haya ningún error. Lea la carta cuidadosamente y después haga las correcciones directamente en el texto de la carta abajo, de modo que la versión final se pueda enviar libre de errores al destinatario.

COPICENTRO
Avda. Águilas 710 Chorillas
Lima, Perú
Tel: (51-11) 241-300 Fax: (51-11) 241-647
copicentro@aol.com

20 de enero de 201_

Sr. Ramón Tamames Baroja
Roma No. 16
Santiago, Chile

Apreciado cliente:

Nos placemos infomarle de la aperatura de un nuevo filial de Copicentro en el barrio de la Gracia. Esta nueva adicion a nuestras operaciones se debe a nuestro gran interés en poder atender mejor nuestros clientes, puniendo a su disposicion nuestros servicios de centro fotocopiador. En COPICENTRO, Ud. podra servirles de nuestras nuevas máquinas por haser sus copias rápida y facilmente y con la excelente calidad que Ud. desea.

La apeartura de nuestro nuevo sucursal COPICENTRO estará el primero de febrero. Durante toda esa semana, nuestros clientes prodrán aprobecharse de une revaja general del 25% en todos nuestros servicios. Pase Ud. por conocer mejor los excelentes servicios siempre ofrecidos con una sonrisa. Esperamos tener el place de saludarlo personalmente.

Quedamos de Ud. cordialmente,

COPICENTRO

Ruperto Dávila Sánchez
Ruperto Dávila Sánchez
Director

9-6 Redacción de cartas

La compañía donde usted trabaja le ha pedido que redacte unas cartas sobre asuntos importantes, cuyas minutas se dan a continuación. Ud. se dedica a la tarea con mucho esmero para despacharla lo antes posible. Dicte o escriba en español una de las siguientes cartas, o ambas, basándose en los siguientes supuestos.

1. *Your company, COMPUNOW, has just created a new computer, the PCEXCEL-1. This new computer is much faster and easier to use than older models. It also has greater storage capacity, is ultraportable, and weighs only two pounds. It is ideal for the office, home, or both. Write a letter announcing this new product, indicating where and when it can be purchased and how much it costs. Convince the customer to part with his/her money!*

2. *During the week of April 10–17, your company, ULTIMODA, will be having a sale on all items in stock: shirts, blouses, pants, dresses, suits, ties, socks, etc. Write a letter announcing this sale, indicating what your store hours are and what the range of the discounts is per item or group of items.*

DOCUMENTO MODELO 9-1. COMUNICADO: EXTRACTOS DE RELACIONES PÚBLICAS

FIATC
MUTUA DE SEGUROS GENERALES

Con esta publicación deseamos que nos conozca algo mejor. Queremos trasladarle nuestras inquietudes y proyectos, ganando su confianza a través de esta presentación de Entidad. Con un factor a tener en cuenta: lo importante no es el hoy, sino estar preparados para afrontar el mañana.

The purpose of this publication is to let you know us better. By explaining our concerns and projects we hope to win your trust. An essential premise of our corporate policy is that the most important thing is not today, but to be prepared for tomorrow

Futuro sin fronteras
La certeza de ofrecer todos nuestros servicios, con igual calidad y garantía, en cualquier mercado nos permite la expansión en todo el territorio nacional con nuestra Red de Sucursales propias. Con nuestra constante evolución que nos hace contemplar el futuro con optimismo, sin temor a afrontar los retos de las nuevas tecnologías y mercados abiertos a todas las nacionalidades.

A future without borders
The certainty of offering all our services with the same quality and guarantee in every market permits us to expand throughout the national territory with a network of our own local offices. We are marked by constant development, which allows us to contemplate the future with optimism, without fear of facing the challenges of the new technologies and the markets open to all nationalities, thus preparing ourselves for a future without borders.

DOCUMENTO MODELO 9-2. EXTRACTO DE UNA ENCUESTA DE MARKETING

	Strongly agree						Strongly disagree
I know more about restaurants than most people that I talk to.	1	2	3	4	5	6	7
I like to read about restaurants even if I have no intention to go and eat there.	1	2	3	4	5	6	7
I think I look at ads for restaurants more than most people.	1	2	3	4	5	6	7

Please circle the numbers below that best reflect your feelings about restaurants.

1. boring	1	2	3	4	5	6	7	interesting
2. unexciting	1	2	3	4	5	6	7	exciting
3. appealing	1	2	3	4	5	6	7	unappealing
4. mundane	1	2	3	4	5	6	7	fascinating

In general, do you talk to your friends and neighbors about restaurants?

Often						Never
1	2	3	4	5	6	7

When you talk to your friends and neighbors about restaurants do you:

Give a great deal of information						Give very little information
1	2	3	4	5	6	7

Please fill in the following classification data:

Male _____ Female _____ Age _____ Profession _____

9-7 Ejercicio de traducción: Del inglés al español

Su jefe/a le pide a Ud. que traduzca al español el extracto de la encuesta de marketing presentado en Documento 9-2, lo cual hace Ud. inmediatamente.

	1	2	3	4	5	6	7
	1	2	3	4	5	6	7
	1	2	3	4	5	6	7

	1	2	3	4	5	6	7	
	1	2	3	4	5	6	7	
	1	2	3	4	5	6	7	
	1	2	3	4	5	6	7	

	1	2	3	4	5	6	7

	1	2	3	4	5	6	7

9-8 Problema numérico-comercial

Ud. trabaja para una compañía que elabora productos alimenticios enlatados. Ésta quiere extenderse hacia Sudamérica, en especial hacia el Perú. Contrata a la firma LIMANUNCIOS que inaugura la campaña en este país. Después de un año, la compañía tiene éxito y vende bastante comida. Sin embargo, tiene gastos, entre éstos, los de publicidad. A continuación se dan, en dólares, los costes de los anuncios, los gastos totales y la venta total:

Gastos publicitarios	$315,000
Gastos totales	$2,100,000
Venta total	$2,625,000

Haga los siguientes ejercicios:

1. Calcule el porcentaje del total de los gastos que constituyen los publicitarios.
2. Calcule el porcentaje del total de las ventas que constituyen los gastos publicitarios.
3. Calcule el porcentaje del total de las ventas que representan las ganancias. ¿Cuánto dinero se ha ganado?

9-9 Informe empresarial: Actividad mercantil y electrónica

El/la presidente/a de la empresa donde Ud. trabaja le pide a Ud. una lista de los productos y servicios que ofrece su empresa. Redacte este informe, con los siguientes elementos:

- Una lista de todos los productos y servicios que ofrece la empresa, con detalles descriptivos.
- Un anuncio en español que se puede usar este año para uno de los productos o servicios.
- Una marca o un lema de la empresa.

 Como queda indicado arriba, saque información de Internet para preparar de este informe. Luego, si hay tiempo, complete una o varias de las siguientes actividades relacionadas con el plan de marketing.

1. En grupos de dos o tres, hablen de sus productos o servicios, o de los lemas o anuncios que los acompañan. Después, todos harán preguntas para aclarar diferentes aspectos de los anuncios o lemas de los productos o servicios, y ofrecen recomendaciones para mejorarlos.

2. Se prepara, en equipo o individualmente, una grabación de vídeo de alguno/s de los anuncios para la televisión. Busque una compañía en Internet. Luego, presente los resultados de su investigación y conteste las preguntas o las críticas del público. Describa los productos o servicios que ofrece su propia empresa. Por ejemplo:

   - Televisor a color, portátil, con sintonización electrónica, 128 programas, mando a distancia, garantía seis meses.
   - Viaje al Cono Sur, seis días, siete noches en Argentina y Chile con visitas a Buenos Aires, Santiago y Viña del Mar, comidas y propinas incluidas, salida de Nueva York, Houston o Los Angeles, precios variables según las opciones seleccionadas.

3. Prepare Ud. un anuncio más detallado de uno de los productos o servicios de su compañía, creando una marca y un lema ficticios, para su publicación en una revista.

🔊 **9-10 Ejercicios auditivos al teléfono: Los mercados y la publicidad**

1. Lea las siguientes preguntas. Después escuche atentamente la conversación telefónica del Capítulo 9 que acompaña el programa *Éxito comercial* y contéstelas en oraciones completas. Puesto que la comprensión auditiva es una destreza comunicativa sumamente importante, se recomienda escuchar la conversación varias veces.

   a. ¿Cuál es el propósito de la llamada de la Sra. de García a la agencia publicitaria?
   b. ¿Por qué han bajado las ventas de cuero en EUA?
   c. ¿Qué recomendaciones hace la Sra. de García para mejorar la imagen de la Casa de Cuero en EUA?
   d. ¿Qué plan de acción va a seguir el Sr. Gonzalo?

2. Vuelva a escuchar la conversación y complete las siguientes oraciones con las preocupaciones de la Sra. de García sobre las ventas de Casa de Cuero en EUA.

   a. La Sra. de García ha observado la _____ en las ventas durante los últimos siete mesas.

   b. La campaña publicitaria actual no ha tenido el _____ positivo que todos habían observado.

3. Vuelva a escuchar la conversación y complete las oraciones con las explicaciones y las sugerencias para resolver los problemas de marketing del Sr. Gonzalo.

   a. La baja en ventas en EUA pueden tener que ver con las actividades de los _____.

   b. También pueden tener que ver con las organizaciones dedicadas a los _____.

   c. Los nuevos anuncios de la Casa de Cuero tendrán que enfocarse más en sus esfuerzos por

   mantener el _____ en Perú y en sus inversiones en los

   _____ que ayudan a animales en peligro de extinción.

Marketing II: Compraventa, transporte y almacenaje

10-1 Preguntas de orientación

Al hacer la lectura, piense en las respuestas a las siguientes preguntas.

1. ¿Qué es la compraventa y qué tipos de cartas de compraventa hay?
2. ¿Cuál es el propósito de la carta de cotización?
3. ¿Cuáles son las condiciones bajo las cuales la carta de pedido representa un contrato?
4. ¿Cuándo le manda el vendedor un contrato al comprador?
5. Si hay problemas con las mercancías, ¿qué tipo de carta le escribe el comprador al vendedor?
6. ¿Qué es una carta de consignación?

BREVE VOCABULARIO ÚTIL

carta de porte (terrestre) • *bill of lading, manifest*
cartón (m) • *cardboard*
compraventa • *buying and selling, sales and purchases*
conocimiento de embarque • *bill of lading*
consignación • *consignment*
consignatario • *consignee*
consulta • *advice, professional opinion*

cotización • *quotation, quote (price)*
entrega • *delivery*
guía aérea • *air waybill*
pedido • *order*
reserva de • *with reservations about*
surtido • *line (of products)*
tallas de madera • *boards*

LECTURA

Cartas de compraventa

La compraventa es una operación en la cual un vendedor le ofrece un bien o servicio a un comprador por determinado precio. Las cartas de compraventa son de dos tipos: las del vendedor y las del comprador.

Para promover las ventas, el vendedor trata de despertar el interés del comprador y convencerlo de la necesidad o el beneficio de comprar el producto o servicio ofrecido. Si tiene éxito en su intento, el comprador le pide más información por medio de una carta de solicitud de precios del surtido y de otras características de las mercancías o los servicios. El vendedor contesta la solicitud con una carta de cotización o de oferta en la cual se especifican las posibles condiciones de venta. Al recibir la carta de cotización, el comprador tiene que tomar la decisión de firmar o no el contrato de compraventa.

Si el comprador decide que no habrá un acuerdo, se acaba la correspondencia o habrá solamente una carta, un mensaje electrónico o una llamada telefónica para informar de la decisión negativa. Si se acepta la oferta, el comprador le manda una carta de pedido al vendedor. En esta carta se detallan las condiciones del contrato de compraventa y es la correspondencia más importante de todas las que se relacionan con el tema. Incluye estipulaciones como las siguientes: la cantidad, el precio, (unitario y total), las condiciones de entrega, las condiciones de pago y las licencias, seguros y documentos de transporte necesarios.

Luego el vendedor puede confirmar el pedido con una carta de confirmación o comunicar el envío de las mercancías. Además, si queda alguna duda o si es necesario comunicarse con otros departamentos interesados, es mejor mandar un contrato firmado por el vendedor que pide que el comprador exprese su aceptación.

Al recibir las mercancías, es normal que el comprador acuse recibo de ellas. En caso de problemas o diferencias entre los pedidos y las mercaderías o servicios recibidos, quizás sea necesario enviar una carta, un fax o un comunicado de reclamación por correo electrónico. Si el vendedor busca un agente para ayudarlo en la venta, se decide que el vendedor le consigna a éste las mercancías. El agente vendedor es el consignatario y tiene la responsabilidad de devolver el pago menos la comisión cobrada o las mercancías no vendidas. La carta de oferta es una carta de consignación que representa un contrato entre el vendedor y su agente. Al aceptar la oferta del vendedor, el agente se convierte en un comprador intermediario y redacta una carta de aceptación de consignación en la cual acepta las condiciones de la relación entre ellos.

10-2 ¿Qué sabe Ud. sobre las cartas de compraventa?

Vuelva a las «Preguntas de orientación» que se hicieron al principio del capítulo y ahora contéstelas en oraciones completas en español.

1. _____

_____

_____

2. _____

_____

_____

3. _____

_____

_____

4. _____

_____

_____

5. _____

_____

_____

6. _____

_____

_____

CARTA MODELO 10-1. CARTA DE COTIZACIÓN O DE OFERTA

Ud. quiere ampliar su vocabulario y tener mayor variedad de términos para usar al escribir y leer cartas en español. Los siguientes ejercicios sirven para alcanzar esta meta.

Exportaciones Internacionales, S.A.
Avenida Larco 101 Of. 603 Miraflores
Santiago, Chile
Tel: (56-2) 454-5454 Fax: (56-2) 454-5455
exportainter@cl.net

15 de mayo de 201_

MADERA GOMÁRIZ
125 Boca Raton Drive
Miami, FL 41670

Muy señor nuestro:

Le agradecemos el encuentro del 5 de mayo así como su interés en nuestras tallas de madera. Nos complace presentarle el siguiente precio a reserva de nuestra confirmación definitiva al recibo de su pedido:

10,000 piezas de tallas surtidas de madera a 1150 pesos chilenos (CLP) por pieza, libre a bordo, Miami, con cada pieza en caja de cartón, 50 por contenedor; el pago será por carta de crédito irrevocable abierta a nuestra cuenta y habrá confirmación en el Banco de Chile 15 días antes del primer embarque.

En espera de recibir su valorado pedido, quedamos de Ud. atentamente,

EXPORTACIONES INTERNACIONALES, S.A.

Miguel Henares
Miguel Henares
Director de Ventas

10-3 Ejercicios de vocabulario

1. Dé un sinónimo de las siguientes palabras o frases, usando las que están subrayadas en la Carta 10-1 y otras que Ud. conozca.

a. ratificación _____

e. apreciado _____

b. cotización _____

f. tenemos el gusto de _____

c. envío _____

g. cita _____

d. ofrecerle _____

h. lo saludamos _____

2. Vuelva a escribir el texto de la Carta 10-1, reemplazando las palabras subrayadas en la carta con las del ejercicio anterior. Haga todos los demás cambios que resulten necesarios.

_____:

_____

_____

_____

_____

_____

_____

_____

_____

_____

_____

_____

_____

CARTA MODELO 10-2. CARTA DE PEDIDO

Madera Gomáriz
125 Boca Ratón Drive
Miami, FL 41670
Teléfono 305-227-8979
madgom@aol.com

15 de junio de 201_

Miguel Henares, Director de Ventas
EXPORTACIONES INTERNACIONALES, S.A.
Avda. Larco 101 Of. 603 Miraflores
Santiago, Chile

Muy señor nuestro:

Le agradecemos su oferta del 15 de mayo y tenemos el gusto de hacerle el siguiente pedido:

9.000 piezas de tallas de madera según las especificaciones adjuntas, a precio de 1.870 pesos chilenos (CLP) por pieza y con las siguientes condiciones de entrega:

2.000 piezas, 12 de julio de 201_
5.000 piezas, 12 de agosto de 201_
2.000 piezas, 12 de septiembre de 201_

El embalaje será el siguiente:

Cada pieza en caja de cartón, 50 por contenedor de cartón de fibra dura.

Las condiciones de pago se efectuarán por:

Carta de crédito irrevocable abierta a su favor y confirmada en el Banco de Chile, 15 días antes del primer embarque.

Según sus especificaciones, los seguros sobre los bienes son de Seguros Berríos en Santiago contra todos los contratiempos.

Le pedimos nos confirme su aceptación tan pronto como se reciba esta carta de pedido.

Le saluda atentamente,

MADERA GOMÁRIZ

Jaime Moreno
Jaime Moreno
Director de Importaciones

Responda a la siguiente pregunta.

¿Cuánto será el importe total de las mercancías vendidas en la Carta modelo 10-2?

_____

_____

10-4 Ejercicio de traducción*: Del español al inglés

La empresa donde Ud. trabaja a menudo recibe cartas y documentos importantes o urgentes en español que hay que traducir. Puesto que Ud. conoce ambos idiomas, se le ha pedido que traduzca la Carta modelo 10-2 al inglés, lo cual hace con mucho gusto y esmero.

_____

_____

_____

_____

_____

_____

_____

_____

_____

_____

_____

_____

_____

_____

_____

---

*OPCIONAL: 1. Para hacer este ejercicio, sírvase usar algún programa de traducción bilingüe para generar una traducción hecha por computadora. Los pasos serán los siguientes: escribir de nuevo la carta original o usar un escáner para traspasar la copia de la carta a su programa de procesamiento de textos, y luego pasar la carta original por el programa de traducción. ¡OJO! Luego hará falta corregir los errores de la traducción automatizada, importantísima actividad que se llama «posrevisión». 2. Haga una traducción visual de la carta. Es decir, traduzca oralmente el texto escrito.

CARTA MODELO 10-3. CARTA DE CONSIGNACIÓN

Paints 'N Brushes
3255 S. Broad St.
Albuquerque, New Mexico 87101
Tel: (575) 711-5500 Fax: (575) 711-5555
pnb@cablenet.net

August 14, 201_

MERCADERES COCHILE
Apdo. Postal 6355
Antofagasta, Chile

Dear Sirs:

It is my pleasure to acknowledge receipt of your request for our products on consignment and of your desire to serve as exclusive agents for Paints 'n Brushes in Antofagasta. We are aware of your solid financial reputation as a distributor in that area.

At the earliest possible date, we will send you on consignment a shipment of our products as you request from the enclosed catalog. The commission which you will receive will be 30% of the sales price to the customer. The cost of insurance and freight for each shipment of paints will be paid by us. We ask that you please send the appropriate payment at the end of each month.
If you have any questions, please don't hesitate to contact us at the address or numbers above.

Yours very sincerely,

Ana Morales Cruz
Ana Morales Cruz
Manager

Nombre _____ Clase _____ Fecha _____

10-5 Ejercicio de traducción*: Del inglés al español

Su jefe/a necesita comunicar pronto el contenido de la Carta modelo 10-3 en español y le ha pedido a Ud. que la traduzca, lo cual hace inmediatamente.

_____

_____

_____

_____

_____

_____

_____

_____

_____

_____

_____

_____

_____

_____

_____

_____

_____

*OPCIONAL: 1. Para hacer este ejercicio, sírvase usar algún programa de traducción bilingüe para generar una traducción hecha por computadora. Los pasos serán los siguientes: escribir de nuevo la carta original o usar un escáner para traspasar la copia de la carta a su programa de procesamiento de textos, y luego pasar la carta original por el programa de traducción. ¡OJO! Luego hará falta corregir los errores de la traducción automatizada, importantísima actividad que se llama «posrevisión». 2. Haga una traducción visual de la carta. Es decir, traduzca oralmente el texto escrito.

BORRADOR DE CARTA MODELO 10-4. CARTA DE PEDIDO

¡OJO! La siguiente carta tiene errores de tipo gramatical u ortográfico. Ud., como gerente, es la persona que firma la carta y por eso es necesario comprobar que no haya ningún error. Lea la carta cuidadosamente y después haga las correcciones directamente en el texto de la carta, de modo que la versión final se pueda enviar libre de errores al destinatario.

Relojería Suiza
Vicente Guerrero #189, Col. Centro
C.P. 68664, Oaxaca, México
Tel: 951-401-4300 Fax: 951-401-4301
pedidos@relojeríasuiza.com

2 de julio de 201_

Señora Adriana Madero del Socorro
Avenida Las Torres 1366
Santiago, Chile

Estimada Señora Madero:

De conformidad con la oferta y las estipulaciones que se incluyen en se carta del 15 mes próximo pasado, tengo el gran placer de pedirles que nos envien por entrega inmediata los diez relojes que ud. mencionó en su atento. Le devolveremos el precio de venta menos nuestra comisíon de un 40% al final del ejersicio fiscal. Siempre hay muchos turistas en Oaxaca durante el mes de agosto debidas a la celebración de los bailes de Guelaguetza y pensamos que sus relojes tendrán una buena salida para esa fecha.

Sin otro particular, le saluda atentamente,

RELOJERÍA SUIZA

Manuel Infante Orozco
Manuel Infante Orozco
Presidente

10-6 Redacción de cartas

La compañía donde usted trabaja le ha pedido que redacte unas cartas sobre asuntos importantes, cuyas minutas se dan a continuación. Ud. se dedica a la tarea con mucho esmero para despacharla lo antes posible. Dicte o escriba en español una de las siguientes cartas, o ambas, basándose en los siguientes supuestos.

1. *Your company, Grupo Interamericano, located at 201 Mesa Verde, San Diego, California, produces all kinds of solder and machines. You have heard of the very fine reputation of Electrotécnica, 315 N. Shoreline Drive, Miami, Florida, which sells similar products successfully in that city. Write a letter offering them the sole distribution of your products in that area. Arrange the terms of commission and the period of time when you would require payment from them.*

2. *Having received a letter offering terms of consignment from Grupo Interamericano (see No.1 above), you accept the offer of consignment providing they can allow you to receive 5% more in commissions and serve as the sole distributor throughout the Caribbean Basin.*

DOCUMENTOS RUTINARIOS DE LA COMPRAVENTA

Los documentos más comunes de la compraventa son: (1) el contrato oficial, cuyo propósito es la aclaración de las condiciones de un acuerdo entre dos personas jurídicas. La existencia de un acuerdo escrito facilita los trámites internos y externos; (2) la factura, en la cual se indican la cantidad, la descripción y el costo de las mercancías o servicios vendidos; (3) los documentos de transporte, los cuales pueden incluir las condiciones de embalaje, el conocimiento de embarque o la guía aérea o de ferrocarril; (4) los documentos de crédito típicos, como el pagaré, el cheque, el giro, la carta de crédito o el recibo.

DOCUMENTO MODELO 10-1. EL CONTRATO DE COMPRAVENTA

CONTRATO DE EXPORTACIÓN

LIVERPOOL SHIPPERS, LTD.
Whitehall Road, Liverpool N.E. 3

Fax 45620   Teléfono ELMston 45609

CONTRATO
CONFIRMAMOS HABER (VENDIDO) A /(COMPRADO A)

_____ *Equipos Industriales, S.A.* _____

EN EL DÍA DE LA FECHA:

_____ *6 de febrero de 201_* _____

1. Mercancías : _____ *motor X16-SOR* _____
2. Cantidad : _____ *cuatro (4)* _____
3. Precio : _____ *654 libras esterlinas* _____
4. Entrega : _____ *libre a bordo—Valencia* _____
5. Fecha de entrega/ embarque : _____ *20 de febrero de 201_* _____
6. Embalaje : _____ *cajas de cartón reforzado* _____
7. Condiciones de pago : _____ *carta de crédito irrevocable No. 71416— Banco Nacional*
8. Licencias:
   a. Exportación _____ *No. 0168613* _____
   b. Importación _____
9. Seguros: _____ *Helmsford Insurers (Liverpool)* _____
10. Instrucciones para las marcas: _____ *Avisar cumplimiento envío* _____
11. Requisitos documentarios: _____
12. Comisión: _____ *5%* _____

Por y en nombre de
LIVERPOOL SHIPPERS

Director _____

Este contrato está sujeto a las condiciones que se indican al reverso. Recibido de Liverpool Shippers, Ltd., Liverpool, Contrato No. *04159*. Fecha *9/2/1_* , por _____ que aquí confirmamos.

Firma: _____

10-7 Ejercicio: El contrato de compraventa

Lea el siguiente supuesto y complete el contrato:

Su empresa, Talleres Eléctricos de Rufo, de la calle Obregón 39 en Tijuana, México, ha vendido tres motores, a $19,680 pesos (MXN) cada uno, a la compañía Álvarez-Tacón. Ha aceptado entregárselos empaquetados en cajas de cartón el 30 de diciembre en la Ciudad de México. Están asegurados con Seguros Rieles. Se pagarán por cheque a favor del vendedor. Se recibirá el pago antes de las mercancías. Complete el contrato Nº 4539 con las condiciones indicadas, la fecha actual y su firma.

CONTRATO DE EXPORTACIÓN

Fax 412-3436   Teléfono 412-3438

CONTRATO
CONFIRMAMOS HABER VENDIDO A /(COMPRADO A)

_____

EN EL DIA DE LA FECHA:

_____

1. Mercancías: _____
2. Cantidad: _____
3. Precio: _____
4. Entrega: _____
5. Fecha de entrega/ embarque: _____
6. Embalaje: _____
7. Condiciones de pago: _____
8. Licencias:
    a. Exportación _____
    b. Importación _____
9. Seguros: _____
10. Instrucciones para las marcas: _____
11. Requisitos documentarios: _____
12. Comisión: _____

Por y en nombre de
TALLERES ELÉCTRICOS DE RUFO

Director _____

Este contrato está sujeto a las condiciones que se indican al reverso. Recibido de Liverpool Shippers, Ltd.,

Liverpool, Contrato No. _____. Fecha _____ , por _____ que aquí confirmamos.

Firma: _____

DOCUMENTO MODELO 10-2. LA FACTURA

Empresas Universales, S.A.
Avda. Centro Ciudad 444
México, D.F.

FACTURA

47318

_____*13*___ **DE** ___*noviembre*___ **DE 201_**

SEÑOR ___*Héctor Gómez*___

DEBE A ___*Empresas Universales, S.A.*___

Por lo siguiente que compró ___*mercancías*___ **a pagar a** ___*Empresas Universales, S.A.*___

en moneda de ___*pesos mexicanos*___ **del cuño corriente que marca la Ley Monetaria en**

vigor con intervención de ___*Artículo 37716*___

CANTIDAD	ESPECIFICACIÓN	PRECIO		IMPORTE	
3 cajas	*Formularios impresos*	*150*	*00*	*450*	*00*

10-8 Ejercicio: La factura

Complete la factura con la siguiente información: su empresa, Chocolate al Extremo, ha vendido 3 cajas de sus dulces, a $73.80 pesos mexicanos (MXN) la caja, al señor Ramón Delgado. Utilice la factura No. 4209.

FACTURA

_____ DE _____ DE 201_

SEÑOR _____

DEBE A _____

Por lo siguiente que compró _____ **a pagar a** _____

en moneda de _____ **del cuño corriente que marca la Ley Monetaria en**

vigor con intervención de _____

CANTIDAD	ESPECIFICACIÓN	PRECIO	IMPORTE

10-9 Problema numérico-comercial

La empresa para la cual Ud. trabaja quiere comprar 50 cajas de vino chileno y quiere averiguar cuál es el transporte más barato para tener una idea de los costos. Se le encarga a Ud. averiguar las tarifas desde San Diego. Después de unas investigaciones en Internet y unas llamadas telefónicas, Ud. proporciona la siguiente información:

Vía de transporte	Tarifa
Buque	$15.00 (USD) por caja
Camión	$20.00 (USD) por caja
Avión	$40.00 (USD) por caja

Haga los siguientes ejercicios:

1. ¿Cuánto será el importe total por cada uno de los tres medios de transporte?

2. ¿Cuál será el medio de transporte más barato?

10-10 Informe empresarial: Actividad mercantil y electrónica

El/la presidente/a de la empresa donde Ud. trabaja le pide un plan de marketing para los productos o servicios de su empresa. Usando información actual de Internet, seleccione algún país hispano y redacte este informe con los siguientes elementos:

- el modo de distribución (agentes mayoristas, detallistas, etc.)
- el transporte requerido para sus operaciones
- el almacenaje requerido
- los seguros necesarios
- la estructuración de precios para poder competir en el mercado

Luego, si hay tiempo, se pueden completar una o varias de las siguientes actividades relacionadas con un plan de marketing, en grupos o individualmente.

1. En grupos de dos o tres, cada persona habla de su propio plan de marketing. Después, todo el mundo hace preguntas para aclarar diferentes aspectos del plan y ofrece sugerencias para mejorarlo. Luego cada persona vuelve a redactar su propio informe con modificaciones basadas en las sugerencias y las nuevas ideas.

2. Se prepara un presupuesto para el plan de marketing, en el cual se muestran los verdaderos precios de las actividades en un país hispano que Ud. escoja.

3. Use la *Country Commercial Guide* u otras fuentes de información (*Spanish Business Protocol, International Business Trade, WorldBiz.com*) sobre el país seleccionado para determinar si hay cualquier barrera legal. Acuérdese: en el sistema jurídico romano, se prohíbe todo lo que no se permite; al contrario, en el sistema jurídico inglés de ley común, se permite lo que no se prohíbe.

4. Se da un informe oral en clase sobre el plan de marketing que se haya preparado. Después de la presentación, conteste las preguntas del público.

10-11 Ejercicios auditivos al teléfono: Compraventa, transporte y almacenaje

Pistas
19 y 20

1. Lea las siguientes preguntas. Después escuche atentamente la conversación telefónica del Capítulo 10 que acompaña el programa *Éxito comercial* y contéstelas en oraciones completas. Puesto que la comprensión auditiva es una destreza comunicativa sumamente importante, se recomienda escuchar la conversación varias veces.

   a. ¿Por qué llama Miranda Olivares del Supermercado Este a Óscar Lagos?

   b. ¿A qué se deben las subidas en el costo del pan según Óscar Lazos?

   c. Según Miranda Olivares, ¿cómo son los precios del pan de Óscar Lagos?

   d. ¿Qué sugiere Lagos para compensar el alto costo inicial de Pan Celestial?

   e. ¿Cómo sabemos que Miranda Olivares no está convencida del uso de los cupones?

2. Vuelva a escuchar la conversación y complete las siguientes oraciones con la información sobre el problema que tiene Óscar Lagos con la estructuración de los precios de su pan.

   a. Miranda Olivares se queja de que los precios se hayan _____ durante los últimos seis meses.

   b. Los aumentos de precio se deben a las _____ en el costo de _____.

3. Vuelva a escuchar la conversación y complete las siguientes oraciones con la información acerca del nuevo plan de promoción de Óscar Lagos.

   a. Lagos piensa compensar el costo inicial del pan con una nueva _____ para «Pan Celestial».

   b. Se va a repartir _____.

   c. Miranda Olivares piensa cancelar sus pedidos si los cupones no _____ positivamente en las ventas.

Las finanzas

11-1 Preguntas de orientación

Al hacer la lectura, piense en las respuestas a las siguientes preguntas.

1. ¿Para qué sirve un informe comercial?
2. ¿Qué tipo de información se incluye en un boletín de informe comercial?
3. ¿Qué procedimiento se utiliza muchas veces en los países hispanos para eximir de toda responsabilidad al informante?
4. En el caso de una denegación de crédito, ¿qué elementos deberían incluirse en la correspondencia?

BREVE VOCABULARIO ÚTIL

absoluta reserva • *strictest confidence*
acreedor/a • *creditor*
asunto • *subject, matter, theme*
brindar • *to offer, provide*
cobrar • *to collect, charge*
cumplidor/a (*adj*) • *reliable, dependable (person)*
debidamente • *in a timely manner, in due course*
denegación • *refusal, denial*
deudor/a (*n/adj*) • *debtor, one who owes*
historial (*m*) • *record, history*

intachable • *irreproachable, impeccable*
pago contra entrega • *COD, cash on delivery*
plazo • *time period, term*
prestamista (*m/f*) • *lender, creditor*
préstamo • *loan*
prestatario • *borrower*
queda pendiente • *remains pending, unresolved, unsettled*
solicitante (*m/f*) • *applicant*

LECTURA
Los informes comerciales

El crédito comercial representa un ejemplo de la financiación externa a corto plazo generalmente necesaria para que distintas empresas e individuos —vendedores y compradores— puedan realizar sus operaciones. El que ofrece un crédito comercial es el acreedor o prestamista. El que recibe un crédito es el deudor o prestatario. Cualquier crédito es, en efecto, un contrato de préstamo en el cual se estipulan las condiciones (plazos y cantidades pagaderas) para la devolución del principal y de los intereses correspondientes.

Un elemento clave en la consideración del crédito comercial es la información que se pueda obtener sobre la empresa o el individuo que solicita tal crédito. Los informes comerciales ayudan a reducir el riesgo de conceder un crédito a un cliente que luego no cumpla con las condiciones de su promesa de pago. Para obtener ese tipo de información, se utilizan las cartas de petición de referencias comerciales. Éstas, muchas veces, llevan adjuntas un formulario o boletín de informes comerciales que puede completar fácilmente la persona que aporta la información deseada: la situación comercial del solicitante de crédito, su reputación, el tiempo que se ha mantenido una relación con el solicitante (cuántos meses o años), la cantidad de dinero cobrado mensual o anualmente, la regularidad de pagos, problemas con los pagos, etc. Lo importante es precisar claramente la información que se requiere e indicar la fecha para la cual se necesita una respuesta. Es normal en los países hispanos omitir en una carta de referencia el nombre de la empresa o del individuo sobre el cual se presentan datos, dejando que aparezca en un boletín o en una página que se adjunta a la carta. Esto ayuda a eximir de toda responsabilidad al informante, especialmente si el informe es negativo. En cualquier caso, siempre se le asegura al informante una total discreción sobre los datos que pueda proporcionar.

Además de la petición de referencias comerciales y de la contestación, la cual puede ser un informe favorable o desfavorable, otras cartas relacionadas con el tema pueden ser la autorización o la denegación de crédito a un solicitante. En éstas es importante recordar siempre que uno está tratando con clientes o con posibles clientes. Si se otorga el crédito solicitado, la carta debe dar una cordial bienvenida al nuevo cliente e indicar las condiciones del crédito. Si se trata de una denegación de crédito, se le agradece al posible cliente su solicitud y se le explica el porqué de tal decisión. Se recomienda, en el caso de una denegación, invitar al cliente a solicitar el crédito en otra ocasión cuando hayan cambiado las circunstancias que resultaron en una respuesta negativa esta vez. Uno no quiere perder a un posible cliente, sino que quiere dejar la puerta abierta para que en el futuro se pueda establecer una buena relación comercial con él o ella.

11-2 ¿Qué sabe Ud. sobre los informes comerciales?

Vuelva a las «Preguntas de orientación» que se hicieron al principio del capítulo y ahora contéstelas en oraciones completas en español.

1. _____

_____

_____

2. _____

_____

_____

3. _____

_____

_____

4. _____

_____

_____

CARTA MODELO 11-1. PETICIÓN DE INFORMES COMERCIALES

Ud. quiere ampliar su vocabulario y tener mayor variedad de términos para usar al escribir y leer cartas en español. Los siguientes ejercicios sirven para alcanzar esta meta.

Abastecedores García, S.A.
San Martín y Charles de Gaulle
Asunción, Paraguay
Teléfono: 595-21-613-442 Fax: 595-21-613-443
abastegar@abastegar.com.py
http://www.abastegar.com.py/site

27 de agosto de 201_

Proveedores Saltillo, S.A.
Avenida Marítima No. 42
Concepción, Paraguay

Señores:

Remitimos con ésta un formulario de informes comerciales relativos a la firma indicada en el mismo, que rogamos contesten a la mayor brevedad posible, a más tardar para el 6 de septiembre, pues se trata de un importante asunto de negocios que por el momento queda pendiente de nuestra aprobación.

Cualquier información que aporten será guardada bajo la más absoluta reserva y no representará ningún compromiso para Uds.

Les agradecemos de antemano por este importante servicio y aprovechamos esta ocasión para saludarlos atentamente,

ABASTECEDORES GARCÍA, S.A.

Luis Francisco García
Luis Francisco García
Gerente

11-3 Ejercicios de vocabulario

1. Dé un sinónimo de las siguientes palabras o frases, usando las que están subrayadas en la carta y otras que Ud. conozca.

   a. les damos las gracias _____

   b. confirmación _____

   c. por su parte _____

   d. en el menor plazo de tiempo _____

   e. boletín _____

   f. empresa _____

   g. ninguna responsabilidad _____

   h. tema _____

2. Vuelva a escribir el texto de la Carta 11-1, al reemplazar las palabras subrayadas en la carta con las del ejercicio anterior. Haga todos los demás cambios que resulten necesarios.

_____

_____

_____

_____

_____

_____

_____

_____

_____

_____

_____

_____

_____

_____

_____

_____

_____

BOLETÍN MODELO 11-1. BOLETÍN O FORMULARIO DE INFORMES COMERCIALES

INFORME COMERCIAL

sobre la empresa indicada a continuación

Nombre: _____ *TECNOQUIPO, S.A.* _____

Dirección: _____ *Avda. Loíza 344* _____

_____ *San Juan, Puerto Rico* _____

_____

La siguiente información NO COMPROMETE a quien la brinda.

---

1. HISTORIAL Y TIEMPO DE TRATO CON UDS.: *Clientes nuestros por seis años.*

---

2. SITUACIÓN COMERCIAL (CAPITAL): *Más de $10 millones (diez millones de dólares) de ventas anualmente. Buen flujo de caja.*

---

3. SOLVENCIA: *Ningún problema.*

---

4. EXPERIENCIA DE UDS. EN OPERACIONES: *Siempre han cumplido con nuestras condiciones de crédito, comunicándose con nosotros en casos que hiciera falta pedir algún aplazamiento de pago.*

---

5. REPUTACIÓN: *Intachable.*

---

6. OTRAS OBSERVACIONES DE INTERÉS: *Han figurado entre nuestros mejores clientes. Muy cumplidores.*

11-4 Ejercicio de traducción*: Del español al inglés

La empresa donde Ud. trabaja a menudo recibe cartas y documentos importantes o urgentes en español que hay que traducir. Puesto que Ud. conoce ambos idiomas, se le ha pedido que traduzca el Boletín 11-1 al inglés, lo cual hace con mucho gusto y esmero.

<table>
<tr><td colspan="2" align="center">COMMERCIAL REFERENCE

: _____
: _____
_____
_____</td></tr>
<tr><td>1.</td><td></td></tr>
<tr><td>2.</td><td></td></tr>
<tr><td>3.</td><td></td></tr>
<tr><td>4.</td><td></td></tr>
<tr><td>5.</td><td></td></tr>
<tr><td>6.</td><td></td></tr>
</table>

*OPCIONAL: 1. Para hacer este ejercicio, sírvase usar algún programa de traducción bilingüe para generar una traducción hecha por computadora. Los pasos serán los siguientes: escribir de nuevo la carta original o usar un escáner para traspasar la copia de la carta a su programa de procesamiento de textos, y luego pasar la carta original por el programa de traducción. ¡OJO! Luego hará falta corregir los errores de la traducción automatizada, importantísima actividad que se llama «posrevisión». 2. Haga una traducción visual de la carta. Es decir, traduzca oralmente el texto escrito.

CARTA MODELO 11-2. INFORME COMERCIAL FAVORABLE

Jameson Bros.
5500 Central Blvd.
San Antonio, Texas 78221
Tel: (210) 555-9090 Fax: (210) 555-9091
jamesonbros@aol.com

October 3, 201_

Ms. Catalina Vargas
Credit Manager
Manuel Uribe 335
Nueva Palmira, Uruguay

Dear Ms. Vargas:

It is our pleasure to provide the credit report on Thurgood Imports you requested in your letter of September 30. Thurgood Imports has been our outstanding customer for over five years. Its accounts payable to us are usually some thirty thousand dollars a month. Thurgood Imports has always met its payment schedule with us in a timely manner. In short, Thurgood Imports has been a solid and reliable customer whose business we count on and value highly.

Sincerely,

Richard Vegas
Richard Vegas
Billing Department

11-5 Ejercicio de traducción*: Del inglés al español

Su jefe/a necesita comunicar pronto el contenido de la Carta modelo 11-2 en español y le ha pedido a Ud. que la traduzca, lo cual hace inmediatamente.

_____:

_____

_____

_____

*OPCIONAL: 1. Para hacer este ejercicio, sírvase usar algún programa de traducción bilingüe para generar una traducción hecha por computadora. Los pasos serán los siguientes: escribir de nuevo la carta original o usar un escáner para traspasar la copia de la carta a su programa de procesamiento de textos, y luego pasar la carta original por el programa de traducción. ¡OJO! Luego hará falta corregir los errores de la traducción automatizada, importantísima actividad que se llama «posrevisión». 2. Haga una traducción visual de la carta. Es decir, traduzca oralmente el texto escrito.

_____

_____

_____

_____

_____

_____

_____

_____

_____

_____

_____

_____

_____

_____

_____

_____

BORRADOR DE CARTA MODELO 11-3. INFORME COMERCIAL DESFAVORABLE

¡OJO! La siguiente carta tiene errores de tipo gramatical u ortográfico. Ud., como gerente, es la persona que firma la carta y por eso necesita comprobar que no haya ningún error. Lea la carta cuidadosamente y después haga las correcciones directamente en el texto de la carta abajo, de modo que la versión final se pueda enviar libre de errores al destinatario.

Industrias
Matías Calabria No. 245
Montevideo, Uruguay
Tel: (598-2) 748-8833 Fax: (598-2) 748-8888
industrias@aol.com

2 de diciembre de 201_

Sr. Manuel Ibarra Piñero
Ada. Pascual No. 36
Concepción, Paraguay

Estimado Sr. Ibarra:

En repuesta a su atenta del 26 de noviembre, en lo cual solicita un informe comercial acerca la firma que aparece en el volante adjunto, sentimos no poder comunicarle una noticia favorable en este momento.

Dicha empresa ha sufrido serias problemas de liquidez en los últimos seis meses, echo que ya nos a prejudicado a nosotros en varias ocasiones. Con esta perdida de confianza nuestra, debida a demoras e incumplimientos depago, nos hemos visto forsados a mantener con dicha firma una relación de pago al contado contra entrega de nuestras mercansías.

Esperamos que estas indicaciones le serán de utilidad en el caso y quedamos seguros de su absoluta discresión.

Cordialmente,

INDUSTRIAS MATIAS

María Elena McCartney
María Elena McCartney
Gerente

11-6 Redacción de cartas

La compañía donde usted trabaja le ha pedido que redacte unas cartas sobre asuntos importantes, cuyas minutas se dan a continuación. Ud. se dedica a la tarea con mucho esmero para despacharla lo antes posible. Dicte o escriba en español una de las siguientes cartas, o ambas, basándose en los siguientes supuestos.

1. *MÁQUINAS ELISEO, S.A., (Calle Tacuarembó No. 98, Montevideo, Uruguay) a wholesaler of farm equipment, has contacted your company, EQUIPOSAGRARIOS (Altamira N° 100, San Juan, Puerto Rico) about the possibility of becoming a distributor for your products. Magdalena Eliseo (of MÁQUINAS ELISEO) has indicated that you may obtain a credit reference from QUALIMARC (Avenida Salto N° 43, San José de Mayo, Uruguay) should you require it. Write a letter requesting this credit information from QUALIMARC.*

2. *You are the credit manager at QUALIMARC, the credit reference source given in No. 1 above. Send a credit reference (either positive or negative) to the person who has contacted you from EQUIPOSAGRARIOS.*

DOCUMENTO MODELO 11-1. ORDEN DE COMPRA EN BOLSA

Además de la financiación externa a corto plazo, representada típicamente por el crédito comercial, el mundo de las finanzas se caracteriza también por la financiación externa a largo plazo. Este tipo de financiamiento se puede obtener con la emisión y venta de acciones ordinarias o preferentes. Hoy en día la compraventa de acciones se suele realizar por medio de corredores o agentes de bolsa que utilizan las computadoras y las telecomunicaciones para efectuar tales transacciones con gran rapidez. El siguiente documento representa una orden de compra en la bolsa.

ORDEN DE COMPRA EN BOLSA NUM.

Fecha	Bolsa De:
10/7/201_	México

CANTIDAD	CLASE DE VALOR	CAMBIO LÍMITE	PLAZO DE VALIDEZ
150	MERCATEC–Comunes	7,500.00	Hasta 21/7/201_
125	SUPERPRODUCTOS, S.A.–Comunes	8,000.00	Hasta 20/8/201_

PÓLIZA A NOMBRE DE: María Gómez Riera

DOMICILIO: Avda. Central No. 68		PLAZA: Puebla
CÓDIGO DEPOSITANTE: 142668	NACIONALIDAD: Mexicana	PAÍS DE RESIDENCIA: México	CLASE DE MONEDA: Peso

☒ **DEPOSITAR VALORES EN SUS CAJAS**

OTRAS INSTRUCCIONES SOBRE EL DEPÓSITO: Aviso sobre compra

ORDENANTE/S: María Gómez Riera

DOMICILIO: Avda. Central No. 68	PLAZA: México, D.F.	ADEUDAR EN CUENTA NO. 21462

OBSERVACIONES:

Ninguna

El abajo firmante hace constar que conoce el significado y la transcendencia de la presente orden.

El ordenante,

María Gómez Riera

DOCUMENTO MODELO 11-2. FAX O FACSÍMIL

Fax

Nombre de su empresa: **TRANSPORTES INTERAMERICANOS PERALTA**

Dirección de su empresa: **Calle Marina 540**
Montevideo
País: **Uruguay**

Teléfono: **30-698-54**

Fax No.: **30-698-55**

A: _Srta. Teresa López_

Número de teléfono _1-555-3467_ **Número de fax** _1-555-3468_

Copia a: _____

De: _Ramón Vilá O'Rourke_

Asunto: _Crédito comercial_

Número de páginas (incluida ésta) _Dos (2)_

Fecha: _18 de agosto de 201_

Mensaje:

Muchísimas gracias por su confirmación del crédito comercial solicitado por nosotros. Saludos muy cordiales de Ramón Vilá.

11-7 Informe empresarial

Si alguien le pidiera a otra compañía un informe comercial sobre la empresa de usted, ¿qué elementos le gustaría a Ud. ver incluidos? Prepare a continuación en un fax una lista detallada de lo que a Ud. le gustaría ver en tal informe.

Fax

Nombre de su empresa:

Dirección de su empresa:

País:

Teléfono:

Fax No.:

A: _____

Número de teléfono: _____ **Número de fax:** _____

Copia a: _____

De: _____

Asunto: _____

Número de páginas (incluida ésta): _____

Fecha: _____

Mensaje:

11-8 Problema numérico-comercial

Para establecer cierta presencia en los mercados internacionales, la compañía uruguaya Uruquímico, S.A., por motivo de un negocio en participación con la compañía estadounidense Chemeco, Inc., decide ofrecer al público acciones valorizadas a 3.350.000 pesos uruguayos (UYU) en la bolsa de Montevideo. Haga los siguientes ejercicios:

1. ¿Cuántas acciones con un valor nominal de 335,00 pesos uruguayos tendría que vender la empresa para lograr la inversión inicial?
2. ¿Cuánto sería el importe de 500 acciones si Ud. las comprara al valor nominal?
3. ¿Cuánto ganaría Ud. si el valor nominal de las 500 acciones subiera a 350,00 pesos uruguayos seis meses después?

11-9 Informe empresarial: Actividad mercantil y electrónica

Ud. y sus socios/as, propietarios/as de una empresa que ha tenido mucho éxito recientemente, han decidido que ha llegado el momento de emitir acciones para conseguir fondos adicionales. Se trata de una oferta pública inicial (*IPO, initial public offering,* es decir, la primera venta de acciones al público) y para realizar este objetivo necesitarán hacer los siguientes ejercicios, dividiendo el trabajo entre los miembros del grupo.

1. Buscar información sobre cómo efectuar una IPO (en EUA o en algún país hispano de su selección) al navegar por Internet. Luego, buscar una compañía de habla española que está a punto de anunciar su IPO o que acaba de anunciarla y resumir brevemente la oferta.

2. Calcular el precio por acción y el número total de acciones que recomendarán para que su empresa consiga rápidamente $500,000 EUA. Asumir que su IPO representará una «oferta caliente» (*hot issue*) en la cual la gran demanda inicial impulsará los precios de las acciones al alza desde el momento en que se haga la oferta pública.

3. Preparar un informe escrito sobre su actividad respecto a la IPO y luego presentarlo oralmente a sus compañeros/as de clase.

11-10 Ejercicios auditivos al teléfono: Las finanzas

Pistas
y 22

1. Lea las siguientes preguntas. Después escuche atentamente la conversación telefónica del Capítulo 11 que acompaña el programa *Éxito comercial* y contéstelas en oraciones completas. Puesto que la comprensión auditiva es una destreza comunicativa sumamente importante, se recomienda escuchar la conversación varias veces.

   a. ¿Por qué llama la Sra. Bono a Bull Securities?
   b. ¿De qué dependen las recomendaciones de la Srta. Stock?
   c. ¿Por qué quiere invertir los cien mil dólares la Sra. Bono?
   d. ¿Qué quiere la Srta. Stock que haga la Sra. Bono antes de venir a la oficina?

2. Vuelva a escuchar la conversación y complete las siguientes oraciones con la información acerca de la situación financiera de la Sra. Bono.

   a. La Sra. Bono vive en Manhattan y es viuda porque acaba de morir su _____.

   b. Ella tiene _____ dólares que quiere invertir para su jubilación.

   c. No quiere poner su capital _____ y quiere vivir modestamente.

3. Vuelva a escuchar la conversación telefónica del Capítulo 11 y complete las siguientes oraciones con las recomendaciones financieras de la Srta. Stock.

a. La Srta. Stock recomienda _____ de poco riesgo.

b. Ella quiere concertar una _____ para hablar más del asunto.

c. Le sugiere a la Sra. Bono que rellene unos _____ y que llame a su

_____ para arreglar la cita.

La entrada en el mercado internacional

12-1 Preguntas de orientación

Al hacer la lectura, piense en las respuestas a las siguientes preguntas.

1. ¿Qué preparativos y trámites tiene que realizar un comerciante antes de emprender un viaje al extranjero?
2. ¿Para qué sirve la carta de presentación y qué información debe incluir?
3. Cuando se redacta la carta de reservación, ¿qué datos deben precisarse? ¿Y en la de cancelación?
4. ¿Cómo deben ser las cartas de solicitud de representación exclusiva?
5. ¿Qué es un recibo?

BREVE VOCABULARIO ÚTIL

alojamiento • *lodging*
aplazamiento • *postponement*
carta de • *letter of (type of letter)*
  cancelación • *cancellation letter*
  presentación • *letter of introduction*
  reservación • *reservation letter*
  solicitud de representación exclusiva • *letter requesting exclusive representation*
divisa • *foreign currency*
empresa conjunta • *joint venture*
estancia • *stay*
fusión de empresas • *merger*

heladera • *refrigerator (Arg.)*
negocio en participación • *joint venture*
política • *policy*
  de cobro • *collection policy*
  de compras • *purchasing policy*
  de ventas • *sales policy*
recibo • *receipt*
subcontratar • *to outsource*
sufragar • *to defray (costs)*
talón (m) • *stub, check*
talonario • *receipt book, checkbook*

LECTURA
Cartas y documentos usados en los viajes al extranjero

Antes de emprender un viaje de negocios al extranjero, hay que redactar y expedir cartas y documentos para poner en marcha los negocios en el país visitado. Entre los más importantes figuran los que se describen a continuación.

1. **La carta de presentación.** En general, la carta de presentación sirve para anunciar la visita de un representante, agente o misión comercial, al pedir que el destinatario brinde toda la colaboración o información posible. Empieza por presentarle al visitante, indicando los motivos de su visita y pidiendo la ayuda del destinatario. Termina por agradecerle a éste su atención y cooperación.

2. **La carta de reservación y cancelación.** Esta carta suele enviarse al hotel antes del viaje al extranjero. Señala las fechas de estancia del viajero, el tipo de alojamiento que debe prepararse y la manera de pago. También suele pedirse una confirmación de la reservación. A veces es necesario aplazar o cancelar un viaje o una reservación. En este caso, hay que enviar por correo, fax o email, a la mayor brevedad posible, una carta que precise todos los detalles afines. En el caso de un aplazamiento, hay que comunicar las nuevas fechas y condiciones de la reservación, pidiéndole al hotel una confirmación y agradeciendo la atención prestada. Hoy en día, este tipo de comunicado se va haciendo más y más por fax o correo electrónico.

3. **La carta de solicitud de representación exclusiva.** Ésta se redacta para obtener nuevos negocios. En general, en ella se comunica que la compañía solicitante ha hecho una investigación de los productos o servicios de otra compañía con resultados positivos y que, por lo tanto, le solicita a ésta la representación exclusiva. También, para asegurar la subcontratación la compañía solicitante suele proporcionar información acerca de su experiencia en el sector comercial señalado, así como referencias bancarias, comerciales o industriales. Al final de esta carta se le pide a la compañía datos respecto a su política de ventas y cobros y sus medios publicitarios y condiciones contractuales.

4. **La carta de respuesta a la de solicitud de representación exclusiva.** La carta de respuesta hace constar la oferta de representación o su denegación, al precisar las condiciones de la oferta o los motivos de denegación. Además, suelen adjuntarse o enviarse por separado los catálogos o la información solicitada con la petición de que la empresa solicitante los revise para llegar a un acuerdo definitivo.

5. **La carta de agradecimiento de ayuda.** Sirve para agradecerle a una persona la ayuda que se le haya proporcionado a otra durante un viaje. La puede escribir o el viajero o su supervisor. Esta carta es importante para establecer y mantener buenas relaciones comerciales.

6. **Recibo.** El recibo es el documento que confirma haber recibido algo. Suele tener varios modelos impresos y consta de un talón en el que se anotan los datos esenciales del recibo y el recibo propiamente dicho, el cual se le da al cliente. A veces consta de dos hojas, una original y otra copia de carbón, las cuales eliminan el uso del talón.

12-2 ¿Qué sabe Ud. sobre las cartas y los documentos usados en los viajes al extranjero?

Vuelva a las «Preguntas de orientación» que se hicieron al principio del capítulo y ahora contéstelas en oraciones completas en español.

1. _____

_____

_____

2. _____

_____

_____

3. _____

_____

_____

4. _____

_____

_____

5. _____

_____

_____

CARTA MODELO 12-1. CARTA DE RESERVACIÓN

Ud. quiere ampliar su vocabulario y tener mayor variedad de términos para usar al escribir y leer cartas en español. Los siguientes ejercicios sirven para alcanzar esta meta.

Tecagricol, Inc.
600 Minnesota Avenue
Kansas City, Kansas 66102
Tel: (913) 562-7000 Fax: (913) 562-2849
tecagricolinc@tecagricolinc.com
http://www.tecagricolinc.com

16 de febrero de 201_

Hotel Excelsior
C. San Martín, 200
Mendoza, Argentina

Muy señores míos:

El gerente técnico de ventas de esta sociedad, el Sr. Scott Nesbitt, se desplazará a Mendoza el 15 de mayo para participar en la exposición agrícola que se celebrará en esa ciudad.

Con este motivo, mucho les agradeceremos reservar a nombre de nuestra firma en favor del Sr. Nesbitt, una habitación individual, exterior, para las fechas 15 a 20 de mayo. El precio correspondiente pueden cargarlo a la cuenta que mantenemos con Uds.

Les agradeceremos su pronta confirmación y quedamos de Uds. atentamente,

Mary James
Mary James
Secretaria de Ventas

12-3 Ejercicios de vocabulario

1. Dé un sinónimo de las siguientes palabras o frases, usando las que están subrayadas en la Carta 12-1 y otras que Ud. conozca.

   a. efectuar una reservación _____

   b. cobrarlo_____

   c. importe_____

   d. plaza _____

   e. feria _____

   f. viajará_____

   g. cuarto sencillo _____

   h. los días_____

2. Vuelva a escribir el texto de la Carta 12-1, reemplazando las palabras subrayadas en la carta con las del ejercicio anterior. Haga todos los demás cambios que resulten necesarios.

_____

_____

_____

_____

_____

_____

_____

_____

_____

_____

_____

_____

_____

_____

_____

CARTA MODELO 12-2. CARTA DE SOLICITUD DE REPRESENTACIÓN EXCLUSIVA

Agriquipo, S.A.
Avda. San Martín 100
Mendoza, Argentina
Tel: (54-61) 345-54 90 Fax: (54-61) 345-5457
ventas@agriquipo.com.ar
http://www.agriquipo.com.ar

25 de abril de 201_
Sr. Liam Maynard
Vicepresidente de Marketing
TECAGRICOL, Inc.
600 Minnesota Avenue
Kansas City, Kansas 66102

Distinguido Sr. Maynard:

Asistimos recientemente a la muestra celebrada por su firma en Mendoza en la Exposición Internacional de Máquinas Agrícolas y quedamos impresionados por lo que hemos presenciado. En verdad, después de una investigación minuciosa de la línea de mercancías que Uds. venden, quisiéramos que consideraran la posibilidad de subcontratar su distribución en nuestro país y, en el caso afirmativo, que nos concedieran la representación exclusiva para MERCOSUR*. Además de más de veinte años de experiencia en la compraventa de maquinaria agrícola así como un conocimiento profundo de los mercados de la región, contamos con una red de distribución que se extiende desde Buenos Aires hasta la ciudad comercial brasileña de Manaus, lo que brinda posibilidades para la venta en gran escala de sus productos.

Confiamos en que nuestras referencias bancarias y mercantiles, las cuales adjuntamos con la actual, serán de su completa satisfacción y que nuestra relación será mutuamente lucrativa.

Si se interesan Uds. por esta propuesta, sírvase informarnos con respecto a los descuentos, plazos y formas de pago, costo mínimo de ventas, y publicidad con que pudieran asistirnos. También nos interesa saber cuáles serían las condiciones para firmar un contrato de representación exclusiva.

Esperando una pronta respuesta, quedamos a la orden,

AGRIQUIPO, S.A.

Diego de Velázquez
Diego de Velázquez
Gerente General

Anexos: referencias mercantiles y bancarias

---

*MERCOSUR: región geográfica comercial que comprende Argentina, Brasil, Paraguay y Uruguay (Chile y Bolivia no son miembros oficiales, sino estados asociados).

12-4 Ejercicio de traducción*: Del español al inglés

La empresa donde Ud. trabaja a menudo recibe cartas y documentos importantes o urgentes en español que hay que traducir. Puesto que Ud. conoce ambos idiomas, se le ha pedido que traduzca la Carta modelo 12-2 al inglés, lo cual hace con mucho gusto y esmero.

_____:

_____

_____

_____

_____

_____

_____

_____

_____

_____

_____

_____

_____

_____

_____

_____

_____

_____

_____

---

*OPCIONAL: 1. Para hacer este ejercicio, sírvase usar algún programa de traducción bilingüe para generar una traducción hecha por computadora. Los pasos serán los siguientes: escribir de nuevo la carta original o usar un escáner para traspasar la copia de la carta a su programa de procesamiento de textos, y luego pasar la carta original por el programa de traducción. ¡OJO! Luego hará falta corregir los errores de la traducción automatizada, importantísima actividad que se llama «posrevisión». 2. Haga una traducción visual de la carta. Es decir, traduzca oralmente el texto escrito.

CARTA MODELO 12-3. CARTA DE PRESENTACIÓN

Tecagricol, Inc.
600 Minnesota Avenue
Kansas City, Kansas 66101
Tel: (913) 562-7000 Fax: (913) 562-2849
tecagricolinc@tecagricolinc.com
http://www.tecagricolinc.com

May 22, 201_

Sr. Diego de Velázquez
General Manager
AGRIQUIPO, S.A.
Avda. San Martín 100
Mendoza, Argentina

Dear Mr. Velázquez:

I am taking this opportunity to notify you that our technical sales manager for Latin America, Mr. Scott Nesbitt, will be arriving in Argentina on the 18th of June for one week to demonstrate our new line of farm equipment. As you may be aware, our company is selling these products at very competitive prices with new and special long-term service contracts.

Mr. Nesbitt would like to meet with you and possibly complete the mutual signing of the contracts of exclusive representation. I would greatly appreciate any assistance and courtesies you might extend to him during his stay. He will telephone you to arrange an appointment once he arrives in Mendoza.

Thanking you in advance for your kind help and attention in this matter, I remain

Sincerely yours,

TECAGRICOL, INC.

Liam Maynard
Liam Maynard
Vice President, Marketing

LM/kg

12-5 Ejercicio de traducción*: Del inglés al español

Su jefe/a necesita comunicar pronto el contenido de la Carta modelo 12-3 en español y le ha pedido a Ud. que la traduzca, lo cual hace inmediatamente.

_____ :

_____

_____

_____

_____

_____

_____

_____

_____

_____

_____

_____

_____

_____

_____

---

*OPCIONAL: 1. Para hacer este ejercicio, sírvase usar algún programa de traducción bilingüe para generar una traducción hecha por computadora. Los pasos serán los siguientes: escribir de nuevo la carta original o usar un escáner para traspasar la copia de la carta a su programa de procesamiento de textos, y luego pasar la carta original por el programa de traducción. ¡OJO! Luego hará falta corregir los errores de la traducción automatizada, importantísima actividad que se llama «posrevisión». 2. Haga una traducción visual de la carta. Es decir, traduzca oralmente el texto escrito.

BORRADOR DE CARTA MODELO 12-4. CARTA AGRADECIENDO AYUDA

¡OJO! La siguiente carta tiene errores de tipo gramatical u ortográfico. Ud., como gerente, es la persona que firma la carta y por eso es necesario comprobar que no haya ningún error. Lea la carta cuidadosamente y después haga las correcciones directamente en el texto de la carta que aparece abajo, de modo que la versión final se pueda enviar libre de errores al destinatario.

Tecagricol, Inc.
600 Minnesota Avenue
Kansas City, Kansas 66101
Tel: (913) 562-7000 Fax: (913) 562-2849
tecagricol@tecagricolinc.com
http://www.tecagricolinc

27 de junio de 201_

Sr. Diego de Velázquez
Gerente General
AGRIQUIPO, S.A.
Avda. San Martín 100
Mendoza, Argentina

Estimado Sr. Velázquez:

Nos placen dirigirnos a Uds. para agradecerle todas las facilidades que ha prestado a nuestro representante, Sr. Scott Nesbitt, durante su estadia en Mendoza. Somos seguros de que sin su amable colaboración el no hubiera podido triunfar en su actividades en esa ciudad. En verdad, el Sr. Nesbitt quedo muy impresionado con su empresa y espera que la poesada vista resulta en el comienzo de una relación comercial duradera y mutuamente lucrativa.

En esperanza de volver pronto todas las atenciones recibidas, le saludamos a Ud. muy cordialmente,

TECAGRICOL, INC.

Liam Thomas
Liam Thomas
Vicepresidente, Marketing

MT/mj

12-6 Redacción de cartas

La compañía donde Ud. trabaja le ha pedido que redacte unas cartas sobre asuntos importantes, cuyas minutas se dan a continuación. Ud. se dedica a la tarea con mucho esmero para despacharla lo antes posible. Dicte o escriba en español una de las siguientes cartas, o ambas, según los siguientes supuestos.

1. *Write a letter delaying the reservation made in letter 12-1 due to an unforeseen change in Mr. Nesbitt's plans. Refer to the hotel's letter confirming the original dates and make a new reservation for two months later, requesting the same accommodations.*

2. *On behalf of TECAGRICOL, Inc., write a reply to letter 12-2, offering exclusive representation to AGRIQUIPO, S.A. Be sure to include all information requested in letter 12-2.*

DOCUMENTO MODELO 12-1. EL RECIBO

LIBROS ARGENTINOS	LIBROS ARGENTINOS, S.C.	Núm. _8177_
No.: _8177_	C. Florida, 451	
Fecha: _8/12/1_	B. Aires, Arg.	_12 de agosto de 201_
Sr./a. _María Ortuño_	*Recibimos de Sra. María Ortuño la cantidad de 520 pesos argentinos por la compra de diez ejemplares de <<Ficciones>> de Jorge Luis Borges.*	
Cantidad: _520,00 por la compra de 10 ejemplares de <<Ficciones>> de Jorge Luis Borges_	**José Luis Ongay** **Gerente General**	

12-7 Ejercicio: El recibo

Complete el talón y el recibo con la siguiente información, firmándolo como gerente de ventas.

No.: 4377
Fecha: 6 junio 201_
Destinatario: Sr. Juan Carlos Giannini
Por: 2.579 pesos argentinos (ARP)
Para comprar: una heladera

ALMACENES MARÍN, S.A.	ALMACENES MARÍN, S.A.	Núm. _____
No.: _____	C. Córdoba 800	
Fecha: _____	Buenos Aires, Argentina	
Sr./a. _____	*Recibimos de _____ la cantidad de _____*	
Cantidad: _____	*por _____*	
	Gerente General	

12-8 Problema numérico-comercial

Ud. trabaja para ONCET, compañía que elabora e instala nuevos sistemas telecomunicativos y a la cual le interesa entrar en el mercado del Cono Sur, especialmente Argentina. Como va a haber una feria comercial de varios días en esta capital en dos meses, ONCET lo/la envía a Ud. como vendedor técnico para presentar varios productos nuevos. Sin embargo, como ésta es la primera tentativa de ONCET de entrar en el mercado sudamericano, sólo le proporciona a Ud. $5,000 (USD) para el viaje. Haga los trámites necesarios para buscar los precios de cada una de las siguientes categorías en Internet y haga los cálculos por un viaje de cuatro días.

PARTIDA	COSTE TOTAL
Vuelo de ida y vuelta	_____
Estancia hostelera	_____
Comidas	_____
Automóvil alquilado	_____
Gastos extraordinarios (teléfonos, fax, etc.)	_____
Presupuesto original ($5.000)	_____
Total	_____

Haga los siguientes ejercicios:

1. ¿Cuánto costará el viaje en total?
2. ¿Le quedaría a Ud. algún dinero después de sufragar los gastos principales? ¿Cuánto?

12-9 Informe empresarial: Actividad mercantil y electrónica

Ud. y sus socios han triunfado en los negocios en el país donde se encuentra su empresa. Sin embargo, se han dado cuenta de que si quieren continuar teniendo éxito, necesitan más pedidos. Por lo tanto, piensan que ya es hora de extender sus operaciones al extranjero, en especial a un país de habla española ya que, por lo general, han tenido buenos resultados con los clientes hispanos. Para lograr este objetivo, reconocen que tienen que hacer lo siguiente y cumplir con ciertos trámites antes de entrar en un mercado exterior.

1. Buscar un país hispanoparlante cuyos habitantes se interesarán en sus productos
2. Investigar los mercados del país para saber:
   a. si son lucrativos
   b. quiénes son los competidores
   c. la manera de entrar en los mercados
      - venta indirecta (mediante agentes)
      - venta directa
      - negocio en participación
      - fusión de empresas
   d. los costos y beneficios
   e. otros asuntos afines

3. Planear el viaje de negocios

   a. hacer contactos y citas
   b. emprender todos los preparativos necesarios

Con un/a o dos compañeros/as, busquen en Internet la información requerida. Luego, en clase, presenten los resultados de estas investigaciones y comunicaciones a los demás compañeros en un informe oral, de modo que cada persona del grupo participe en la presentación oral.

12-10 Ejercicios auditivos al teléfono: La entrada en el mercado internacional

Pistas
23 y 24

1. Lea las siguientes preguntas. Despúes escuche atentamente la conversación telefónica del Capítulo 12 que acompaña el programa *Éxito comercial* y contéstelas en oraciones completas. Puesto que la comprensión auditiva es una destreza comunicativa sumamente importante, se recomienda escuchar la conversación varias veces.

   a. ¿Cómo se conocen los Sres. Patterson y Campagna?
   b. ¿Qué le envió Patterson a Campagna?
   c. ¿Qué le parece a Campagna la propuesta de Patterson de ser el representante exclusivo?
   d. ¿Viaja solo el Sr. Patterson y qué dice el Sr. Campagna al respecto?
   e. ¿Qué preparativos de viaje le recomendaría Ud. al Sr. Patterson?

2. Vuelva a escuchar la conversación y complete las siguientes oraciones con algunos de los detalles acerca de la oferta del Sr. Patterson.

   a. El Sr. Patterson le mandó una _____ y _____ al Sr. Campagna.

   b. La lista de precios en el catálogo es _____ con la de otros vendedores según Campagna.

   c. Patterson quiere que la empresa de Campagna firme con su empresa porque quiere concederle

   la _____.

3. Vuelva a escuchar la conversación y complete las siguientes oraciones con la información sobre el posible viaje de Patterson a Argentina.

   a. Campagna no recomienda que Patterson viaje a Buenos Aires a fines de junio debido a las

   _____.

   b. Aunque Campagna cree que es mejor viajar acompañado a su país, Patterson no piensa llevar

   a su _____ porque va a estar solamente unos días.

La importación y la exportación

13-1 Preguntas de orientación

Al hacer la lectura, piense en las respuestas a las siguientes preguntas.

1. ¿Cuáles son los elementos clave de la importación y la exportación?
2. ¿Cuáles son algunas de las cartas típicas relacionadas con la importación y la exportación?
3. ¿Qué detalles se incluyen en la correspondencia sobre la importación y la exportación?
4. ¿Cuáles son algunos de los documentos que suelen utilizarse en la importación y la exportación?

BREVE VOCABULARIO ÚTIL

albarán (*m*) • *delivery invoice*

azúcar de caña (m) • *cane sugar*

azúcar moreno (m) • *brown sugar*

certificado sanitario • *health certificate*

conocimiento de embarque • *bill of lading*

consignatario (*m*) • *consignee, receiver of a shipment of goods*

convenido (*adj*) • *agreed*

corriente (*f*) • *current; flow*

elemento clave • *key element*

envase (*m*) • *packing, packaging*

gama (*f*) • *line (of products)*

guía aérea • *air waybill*

hoja de ruta • *waybill, route sheet*

plaza • *location, place, city*

plazo de entrega • *delivery schedule*

sofá (m) • *settee*

vapor (*m*) • *ship, steamer*

LECTURA

Ofertas y pedidos de mercancía

El comercio internacional se caracteriza por el doble movimiento de la importación y exportación, es decir, la compraventa de bienes y servicios que cruzan las fronteras nacionales. Igual que en la compraventa nacional de un país, los elementos clave en la importación y exportación son que el exportador (vendedor) tiene que hacer llegar su producto o servicio al importador (comprador en otro país), asegurándose a la vez que recibirá el pago convenido entre él y el cliente. En este proceso hay tres corrientes básicas: (1) el movimiento físico de la mercancía del exportador al importador, (2) los distintos documentos requeridos (facturas, instrucciones para el embarque, hojas de ruta, etc.) que acompañan la mercancía y (3) los documentos financieros (la forma de pago) que se mueven en dirección contraria, es decir, de comprador a vendedor, a medida que la mercancía se va acercando a las manos del comprador.

Entre las cartas típicas que se pueden relacionar con la importación y exportación, figuran las siguientes:

- solicitud de cotización de precios y cotización de precios.
- pedido de mercancía y acuse de recibo de pedido.
- cancelación de un pedido o anuncio de descontinuación de mercancías.
- solicitud de seguros para las mercancías que se envían.
- envío de mercancías.
- aviso de error en el envío de mercancías.
- reclamación por mercancías no recibidas debidamente.

En todas estas cartas es importante comunicarse de modo claro y preciso, haciendo referencia a los detalles como: qué es (una descripción) lo que se ha pedido o enviado, para cuándo se ha pedido o enviado, cómo se efectuará el envío y quién se encarga del pedido o envío. Para ayudar a evitar cualquier confusión o posibles problemas, también hace falta incluir elementos como: 1) los números (de factura, conocimientos de embarque, etc.) relevantes que identifiquen el pedido o el envío de mercancías, 2) la cantidad de mercancía pedida o enviada y 3) el precio unitario y total de la mercancía.

Entre los muchos documentos que suelen utilizarse en la importación y la exportación, figuran los siguientes:

- la licencia o el permiso de importación o exportación.
- los instrumentos de pago, como los giros y las cartas de crédito.
- los seguros para proteger el envío de las mercancías.
- los conocimientos de embarque para los transportistas.
- los certificados de origen.
- los certificados sanitarios para plantas, animales y ciertos comestibles.
- las declaraciones y facturas consulares del país importador, las cuales permiten fijar los aranceles que hay que pagar y comprueban que el exportador ha presentado los documentos comerciales requeridos.
- los certificados de recepción de mercaderías.

13-2 ¿Qué sabe Ud. sobre las ofertas y los pedidos de mercancía?

Vuelva a las «Preguntas de orientación» que se hicieron al principio del capítulo y ahora contéstelas en oraciones completas en español.

1. _____

_____

_____

2. _____

_____

_____

3. _____

_____

_____

4. _____

_____

_____

CARTA MODELO 13-1. SOLICITUD DE OFERTA

Ud. quiere ampliar su vocabulario y tener mayor variedad de términos para usar al escribir y leer cartas en español. Los siguientes ejercicios sirven para alcanzar esta meta.

Librería Al Día
Unamuno, 77
Los Angeles, California 92138
Tel: (619) 555-5515 Fax: (619) 555-9785
mcs@librerialdiacom / www.librerialdia.com

18 de mayo de 201_

EDITORES TRUJILLO
Avda. Mayor 120–122
Santo Domingo, República Dominicana

Señores:

Rogamos nos remitan a la mayor brevedad posible una copia de su catálogo *Clásicos de nuestra época*, con libros y precios vigentes hasta el mes de agosto. En particular, nos interesa recibir cualquier información que tengan sobre la novela universal del siglo XX, títulos españoles y de traducciones del inglés, francés, alemán y ruso. Debido al gran número de preguntas recibidas últimamente de nuestros clientes, pensamos que el género puede tener una excelente salida durante los próximos seis meses entre el público general de nuestra librería. Agradeceremos que nos coticen cualquier descuento sobre pedidos y que también nos indiquen los períodos de entrega y forma de envío.

En espera de su pronta contestación, quedamos de Uds. atentamente,

LIBRERÍA AL DÍA

María Carmen Salinas
María Carmen Salinas
Directora

13-3 Ejercicios de vocabulario

1. Dé un sinónimo de las siguientes palabras o frases, usando las que están subrayadas en la carta y otras que Ud. conozca.

a. cantidad _____

b. rebaja _____

c. en vigor_____

d. modo_____

e. plazos _____

f. órdenes _____

g. aclaren _____

h. envíen _____

i. ediciones _____

j. cuanto antes _____

2. Vuelva a escribir el texto de la Carta 13-1, al reemplazar las palabras subrayadas en la carta con las del ejercicio anterior. Haga todos demás cambios que resulten necesarios.

_____

_____

_____

_____

_____

_____

_____

_____

_____

_____

_____

_____

_____

_____

_____

_____

_____

_____

_____

CARTA MODELO 13-2. PEDIDO DE MERCANCÍA

Librería Al Día
Unamuno, 77
Los Angeles, California 92041
Tel: (619) 555-5515 Fax: (619) 555-9785
mcs@librerialdia.com / www.librerialdia.com

14 de marzo de 201_

EDITORES DOMINICANOS
Avda. Mayor, 120-122
Santo Domingo, República Dominicana

Señores:

Tenemos el gusto de acusar recibo de su catálogo, *Clásicos de nuestra época*, enviado el 23 del mes p. pdo.

Suplicamos nos despache el siguiente pedido de títulos, condicionado a un plazo de entrega no superior a los treinta días de la fecha indicada arriba.

Cantidad	Título	Autor	Precio Unitario	Precio Total
15 ejemplares	*Primera memoria*	Matute	464.85 DOP	
15 ejemplares	*Las uvas de la ira*	Steinbeck	421.52 DOP	
25 ejemplares	*El extranjero*	Camus	428.90 DOP	
20 ejemplares	*La montaña mágica*	Mann	1,022.35 DOP	

TOTAL _____

Menos 10% de descuento _____

IMPORTE FINAL _____

Comprendemos que el transporte será por buque y que el pago se efectuará por carta de crédito contra entrega. Quedamos de Uds. atentamente,

LIBRERÍA AL DÍA

María Carmen Salinas
María Carmen Salinas
Directora

Responda a la siguiente pregunta

Calcule el precio total de cada mercancía. ¿Cuánto será el importe total antes del descuento?, ¿el descuento?, ¿el importe final?

13-4 Ejercicio de traducción*: Del español al inglés

La empresa donde Ud. trabaja a menudo recibe cartas y documentos importantes o urgentes en español que hay que traducir. Puesto que Ud. conoce ambos idiomas, se le ha pedido que traduzca la carta 13-2 al inglés, lo cual hace con mucho gusto y esmero.

_____:

_____

_____

_____

_____

_____

_____

_____

_____

_____

_____

_____

_____

_____

_____

_____

_____

*OPCIONAL: 1. Para hacer este ejercicio, sírvase usar algún programa de traducción bilingüe para generar una traducción hecha por computadora. Los pasos serán los siguientes: escribir de nuevo la carta original o usar un escáner para traspasar la copia de la carta a su programa de procesamiento de textos, y luego pasar la carta original por el programa de traducción. ¡OJO! Luego hará falta corregir los errores de la traducción automatizada, importantísima actividad que se llama «posrevisión». 2. Haga una traducción visual de la carta. Es decir, traduzca oralmente el texto escrito.

CARTA MODELO 13-3. DESCONTINUACIÓN DE MERCANCÍAS

Furniture 4U NC
3744 Canal Street
High Point, N.C. 22056
Tel: (919) 555-6262 Fax: (919) 555-5743
v.berman@furniture4unc.com
www.furniture4unc.com

January 27, 201_

Mr. Pablo Fernández
MUEBLOCALIDAD
Miraflores No. 48
Puerto Plata, República Dominicana

Ref.: Order 1673

Dear Mr. Fernández:

Thank you for your recent order of sofas from 4U NC. I regret to inform you that we are unable to fill your order for two of the styles carried in last year's catalog: DAVENPORT, No. 4 and SETTEE, No. 3. As you will note in our recent enclosed catalog, we no longer make these two models. We think you will agree, however, that our new and improved line of products offers several models of better quality and for a more competitive price. Please look over the catalog to see if you find something else to your liking. In the meantime, we will ship the other items listed in your order No. 1673.

Very truly yours,

FURNITURE 4U NC

Victoria Berman
Victoria Berman
Manager

13-5 Ejercicio de traducción*: Del inglés al español

Su jefe/a necesita comunicar pronto el contenido de la Carta modelo 13-3 en español y le ha pedido a Ud. que la traduzca, lo cual hace inmediatamente.

---

*OPCIONAL: 1. Para hacer este ejercicio, sírvase usar algún programa de traducción bilingüe para generar una traducción hecha por computadora. Los pasos serán los siguientes: escribir de nuevo la carta original o usar un escáner para traspasar la copia de la carta a su programa de procesamiento de textos, y luego pasar la carta original por el programa de traducción. ¡OJO! Luego hará falta corregir los errores de la traducción automatizada, importantísima actividad que se llama «posrevisión». 2. Haga una traducción visual de la carta. Es decir, traduzca oralmente el texto escrito.

_____:

_____

_____

_____

_____

_____

_____

_____

_____

_____

_____

_____

_____

_____

_____

BORRADOR DE CARTA MODELO 13-4. ENVÍO DE MERCANCÍA

¡OJO! La siguiente carta tiene errores de tipo gramatical u ortográfico. Ud., como gerente, es la persona que firma la carta y por eso es necesario comprobar que no haya ningún error. Lea la carta cuidadosamente y después haga las correcciones directamente en el texto de la siguiente carta, de modo que la versión final se pueda enviar libre de errores al destinatario.

Exports Proveedores
Lucanor No. 85
Santo Domingo, Dominican Republic
Tel: (809) 534-9856 Fax: (809) 534-8963

14 de noviembre de 201_

Sr. Miguel Soto Manrique
FERRETERÍA SOTO
Avda. Mayor de Gracia No. 368
San Pedro de Macorís, República Dominicana

Ref: Orden No. 467

Estimado Sr. Soto:

Según su orden, No. 467, recibida el 15 de la presente, hemos depachado por medio del vapor TRANSMAR la mercancía que se describe en la factura ajunta. También se incluye con ésta los documentos de embarque y la política de seguro que Ud. nos hubo encargado. El costo total del envio, $875 (USD), le hemos cargado a su cuenta, como de costumbre. Deberán recibir su pedido antes del día 24 del actual.

Les damos las gracias por esta oportunidad de ser útil y espero poder volver a atenderle en un futuro muy cercano.

Muy Atentamente,

EXPORT PROVEEDORES

Luisa Angélica Barrera
Luisa Angélica Barrera
Gerente

13-6 Redacción de cartas

La compañía donde usted trabaja le ha pedido que redacte unas cartas sobre asuntos importantes, cuyas minutas se dan a continuación. Ud. se dedica a la tarea con mucho esmero para despacharla lo antes posible. Dicte o escriba en español una de las siguientes cartas, o ambas, basándose en los siguientes supuestos.

1. *Your company (AZUCARERADULCE, c/ Plata, 33, La Vega, República Dominicana) has received an order for the following merchandise: 100 boxes of cane sugar and 60 boxes of brown sugar. Write to Ms. Susana Benavides (CAÑERÍA COLOMBE, Ronda San Pablo No. 14, Bogotá, Colombia) to inform her that her order No. 1664 cannot be shipped by the dates stipulated due to a boat strike. Inform her that you could send the merchandise at a later date and ask her what she would like for you to do under the circumstances.*

2. *You have received a shipment from CAFETERA NOER (Independencia No. 456, San Cristóbal, Costa Rica). Inform them that three of the 10 crates of coffee arrived in poor condition and that there has also been a mistake in the order: You wanted 20 crates of coffee. Ask CAFETERA NOER to send 10 crates of coffee immediately and to send replacements for the damaged shipment. Inform them that you are returning the damaged shipment, and discounting the cost of return shipment from your bill.*

DOCUMENTO MODELO 13-1. PERMISO DE EXPORTACIÓN

PERMISO DE EXPORTACIÓN   No. *68405*

De acuerdo con las disposiciones legales vigentes se autoriza la exportación indicada a continuación:

EXPORTADOR: *Alimentos Marinmundo, S.A.*

PUERTO DE EMBARQUE: *Guayaquil, Ecuador*

VAPOR O AVION: *Vapor LISA VICTORIA*

DESTINO: *Houston, Texas, (U.S.A.)*

CONSIGNATARIO: *Parker Seafoods*

PRODUCTO	CANTIDAD	ENVASE	KILOS NETOS	PRECIO UNITARIO	VALOR FOB
Camarón	*45 cajas*	*Latas*	*1.484*	*85,00 (U.S.A.)*	*$94,00 (U.S.A.)*

El presente permiso es gratuito, válido para un solo embarque y vence _____ *a día 20* _____

de ____ *abril* ____ de 201_.

13-7 Ejercicio: Permiso de exportación

Complete el modelo de Permiso de Exportación que aparece a continuación con una serie de datos ficticios.

PERMISO DE EXPORTACIÓN	No. _____

De acuerdo con las disposiciones legales vigentes se autoriza la exportación indicada a continuación:

EXPORTADOR:

PUERTO DE EMBARQUE:

VAPOR O AVION:

DESTINO:

CONSIGNATARIO:

PRODUCTO	CANTIDAD	ENVASE	KILOS NETOS	PRECIO UNITARIO	VALOR FOB

El presente permiso es gratuito, válido para un solo embarque y vence _____

de _____ de 201__.

_____

DOCUMENTO MODELO 13-2. EXTRACTO DE CERTIFICADO DE ORIGEN

Expedidor	No.	
SEGADE, S.A. Avda. Gades Caracas, Venezuela	64673	ORIGINAL

Destinatario	CERTIFICADO DE ORIGEN
DOFRYCE IMPORTS 163 St. Charles Avenue New Orleans, Louisiana	**País de origen** Venezuela
Informaciones relativas al transporte (Mención facultativa) Por vapor	**Observaciones**

No. de orden, marcas, numeración, número y naturaleza de los bultos, designación de las mercancías	Cantidad
Nos. 6041/6042 SUPERTEXTIL DTIX (tela industrial) 26 cajas cartón reforzado	5.938 kgs. neto

La autoridad que suscribe certifica que las mercancías designadas son originarias del país de origen

Lugar y fecha de expedición, nombre, firma y sello de la autoridad competente

13-8 Ejercicio: Certificado de origen

Complete el extracto de modelo de Certificado de Origen que aparece a continuación con una serie de datos ficticios.

Expedidor	No.	
		ORIGINAL
Destinatario	**CERTIFICADO DE ORIGEN**	
	País de origen	
Informaciones relativas al transporte (Mención facultativa)	Observaciones	

No. de orden, marcas, numeración, número y naturaleza de los bultos, designación de las mercancías	Cantidad

La autoridad que suscribe certifica que las mercancías designadas son originarias del país de origen

Lugar y fecha de expedición, nombre, firma y sello de la autoridad competente

DOCUMENTO MODELO 13-3. CERTIFICADO SANITARIO

CERTIFICADO DE INSPECCIÓN SANITARIA

D _Felipe Noguer Benavides_

INSPECTOR DE LOS SERVICIOS DE SANIDAD EXTERIOR DE _España_

CERTIFICA: Que se ha procedido a inspeccionar los productos que a continuación se detallan emitiendo el correspondiente dictamen Sanitario.

I. IDENTIFICACION DE LOS PRODUCTOS

PART. Y POSIC. ARANCELARIA	PRODUCTO	MARCAS O ETIQUETAS	MODO DE CONSERVACION	TIPO DE ENVASE	NO. DE BULTOS	KG	
						BRUTOS	NETOS
0193486	azafrán ancha	rtdo.	envase	plástico	25	4,0	3,2

II. PROCEDENCIA DE LOS PRODUCTOS

EXPORTADOR	NO. REG. SANIT.	DIRECCIÓN
CASERA, S.A.	24405-B461	c/Conde Duque 13401 Sevilla

PAÍS DE ORIGEN	PAÍS DE PROCEDENCIA
España	España

III. DESTINO DE LOS PRODUCTOS

IMPORTADOR	NO. REG. SANIT.	DIRECCIÓN
BERNSTEIN ASSOCIATES	026327	172 Wisconsin Blvd. Milwaukee, Wisconsin 60322

IV. OTROS DATOS

AGENTE DE ADUANAS	DIRECCIÓN
José Arturo Zamora	Avda. Puerto Cádiz

FECHA LLEGADA/SAL	MEDIO DE TRANSPORTE	LUGAR DE ALMACENAJE
29-9-201_	avión	Almacén Iberia

CERTIFICADO SANITARIO DE ORIGEN	AUTORIZACION IMPORTACION/EXPORTACION	ADUANA
No. 323657	No. 121865	Aeropuerto Barajas

OBSERVACIONES

"para la expedición del certificado de no radioactividad"

V. DICTAMEN SANITARIO EN EL MOMENTO DE LA INSPECCION

EL INSPECTOR

FECHA

DOCUMENTO MODELO 13-4. FORMULARIO DE CARTA DE CRÉDITO IRREVOCABLE

CRÉDITO IRREVOCABLE NO. *016431*

Banco notificador *Cariblántico*	Por cuenta de *Proveedores Salinas, S.A.*
Beneficiario *Mantell, INC.* *62 Lake Blvd.* *Chicago,* *Illinois*	Por el importe de *$12.462 (USD)*
	Válido en esta plaza hasta *4 agosto 200_*

SUJETO A LAS REGLAS Y USOS UNIFORMES PARA CRÉDITOS DOCUMENTARIOS DE LA CÁMARA DE COMERCIO INTERNACIONAL, UTILIZABLE CON UDS. PARA

. . . Negociación / (pago)

. . . (A la vista) / contra

. . . De un efecto librado por los beneficiarios, marcado con el No. de este crédito, a cargo de *A. Gómez* vencimiento ___*60*___ días de ___*embarque*___ acompañado de los siguientes documentos, que deben sernos remitidos en ___*Toledo, España*___ correo certificado, a presentar al banco negociador de los ___*60*___ días siguientes a la expedición de la mercancía, pero dentro de la validez del crédito: ___*60 días.*___ .

. . . Factura comercial firmada, cuyo importe no deberá exceder al del crédito

. . . Albarán de entrega: *No. 04127*

CUBRIENDO EL ENVÍO DE *16 bultos artesanía española*

DESDE *Toledo, España*   HASTA *Chicago, U.S.A.*

TRANSBORDOS PERMITIDOS *Dos (vapor y camión)*

NOTIFICACIÓN: (Plaza, fecha, nombre y firma del banco notificador) *Cariblántico*
Gran Vía, 47
02216 Madrid, España

13-9 Problema numérico-comercial

A continuación, se muestran las balanzas de las exportaciones (E) e importaciones (I), en millones de $(USD) de Estados Unidos con República Dominicana desde 2007 a 2009 (FUENTE: *U.S. Census Bureau, Foreign Trade Statistics* http://www.census.gov/foreign-trade/balance/c2470.html#2009)

EXPORTACIÓN E IMPORTACIÓN DE EUA CON LA REPÚBLICA DOMINICANA EN MILLONES DE $USD					
2007		2008		2009	
E	I	E	I	E	I
$3,413	$2,190	$6,594	$3,977	$6,084	$4,125

Haga los siguientes ejercicios:

1. Calcule la balanza de las exportaciones e importaciones de EUA con la República Dominicana para los años 2007, 2008 y 2009 (ej. 2007: $3,413-$2,190= X). Comente sobre las tendencias de la balanza entre 2007 y 2009.

2. ¿Cuánto aumentaron o bajaron las exportaciones de EUA a la República Dominicana entre 2007 y 2008? ¿Entre 2008 y 2009? ¿Entre 2007 y 2009? Comente sobre las tendencias.

3. ¿Cuánto aumentaron las importaciones de EUA procedentes de la República Dominicana entre 2007 y 2008? ¿Entre 2008 y 2009? ¿Entre 2007 y 2009? Comente sobre las tendencias.

13-10 Informe empresarial: Actividad mercantil y electrónica

El/la presidente/a de la empresa donde Ud. trabaja ha decidido exportar sus productos a un país hispanoparlante con el cual Ud. ha tenido mucho contacto. Él/Ella necesita saber más sobre el sistema arancelario de ese país y le pide a Ud. un informe que explique en detalle las leyes de importación para ese país.

1. Prepare una lista de las páginas web apropiadas de EUA y del extranjero para determinar el sistema arancelario de su país y haga un resumen escrito de la información conseguida.

2. Prepare un informe escrito a base de la información que Ud. ha conseguido.

3. Luego explique oralmente a la clase el sistema impositivo del país elegido. Al final, todo el mundo podrá hacer preguntas para comprender mejor las leyes arancelarias y cómo influyen en la exportación de bienes.

13-11 Ejercicios auditivos al teléfono: La importación y la exportación

Pistas
25 y 26

1. **Lea las siguientes preguntas.** Después escuche atentamente la conversación telefónica del Capítulo 13 que acompaña el programa *Éxito comercial* y contéstelas en oraciones completas. Puesto que la comprensión auditiva es una destreza comunicativa sumamente importante, se recomienda escuchar la conversación varias veces.

   a. ¿Cuál es el propósito de la llamada de Joaquín Rojas al director de logística de Repuestos Confederados?
   b. ¿Qué ha ocurrido con el pago que mandó Agrodomínico?
   c. ¿Qué le pasó al envío de los repuestos de Carolina del Sur?
   d. ¿Por qué está preocupado Rojas acerca de las demoras?
   e. ¿Cuáles son las opciones que ofrece Hipólito Medina para resolver el problema?

2. Vuelva a escuchar la conversación y complete las siguientes oraciones con la información acerca del envío de repuestos para tractores de Carolina del Sur a la República Dominicana.

   a. Agrodomínico pidió una carga de repuestos pero todavía no _____.

   b. Todo está en orden respecto al _____ y el recibo del giro bancario.

   c. El Departamento de Entregas envió los repuestos por _____, lo que ha

   causado _____ inaceptables.

3. Vuelva a escuchar la conversación y complete las siguientes oraciones con los remedios del Sr. Medina.

   a. Medina va a hablar con su Departamento de Entregas y pedirle que vuelva a enviar el mismo

   _____ por FedEx.

   b. Le ofrece dos opciones a Rojas. Si recibe un segundo envío y no lo necesita, puede devolvérselo

   _____.

Las perspectivas para el futuro

14-1 Preguntas de orientación

Al hacer la lectura, piense en las respuestas a las siguientes preguntas.

1. ¿Qué es un informe anual?

2. ¿Qué es una carta de transmisión del presidente?

3. ¿Qué elementos se deben incluir en una carta de transmisión y cuál es la importancia de cada uno?

4. ¿Por qué se mencionan tantos reglamentos, convenios, artículos y contratos en la carta de transmisión?

5. ¿Hay una antefirma en la carta de transmisión del Banco Interamericano de Desarrollo (BID)? ¿Qué diferencias nota entre éste y otros elementos de esta carta y otras cartas mencionadas anteriormente en este cuaderno?

6. ¿Cuáles son los datos que generalmente se incluyen en el informe anual?

BREVE VOCABULARIO ÚTIL

breve sumario • *short summary*

carta de transmisión • *President's yearly summary letter*

de conformidad con lo dispuesto • *pursuant to*

director general • *chief executive officer (CEO)*

disposición • *provision*

ejercicio financiero • *fiscal year*

en cumplimiento de • *in compliance with*

financiamiento intermedio • *intermediate financial credit*

fuentes de recursos (f/pl) • *sources of funds*

haber (m) • *assets*

informe anual (m) • *annual report*

memoria anual • *report*

órganos de enlace • *connecting agencies*

patrimonio • *assets*

presidente (m/f) • *president, chief executive officer (CEO)*

programación • *planning*

que corresponde a • *with respect to, which corresponds to*

rescate financiero • *financial bailout*

LECTURA
La carta de transmisión del presidente y el informe anual

Al final del año fiscal, el presidente o el director general tiene que preparar un resumen escrito —una memoria— de las actividades comerciales y financieras del año pasado. En este informe anual se incluye una carta de transmisión del presidente a la Asamblea o la junta Directiva y a los accionistas como parte del testimonio anual oficial. En muchos casos se prepara un informe encuadernado para distribuir entre las entidades o las personas que tengan interés.

Este informe generalmente contiene los siguientes datos:

- un resumen del contexto económico actual durante las actividades de la empresa.
- un resumen de las diversas operaciones de la empresa durante el ejercicio financiero.
- una descripción del programa alcanzado en estas operaciones.
- una lista detallada de los recursos (el haber o patrimonio) de la empresa.
- los asuntos en los cuales los distintos funcionarios de la institución participaron durante el año.
- los éxitos realizados y una evaluación de su papel en las operaciones.
- una descripción detallada de los distintos proyectos realizados.
- el estado financiero de la empresa y otros documentos esenciales que aclaren el estado de la misma.

CARTA MODELO 14-1. CARTA DE TRANSMISIÓN DEL PRESIDENTE

Ud. quiere ampliar su vocabulario y tener mayor variedad de términos para usar al escribir y leer documentos e informes en español. Los siguientes ejercicios sirven para alcanzar esta meta.

Banco Interamericano de Desarrollo
1300 New York Avenue, N.W.
WASHINGTON, D.C. 20577

13 de febrero de 201_

Señor Presidente:

De conformidad con lo dispuesto en la Sección II del Reglamento General del Banco, transmito a usted el Informe Anual correspondiente al ejercicio financiero de 201_, que el Directorio Ejecutivo presenta a la Asamblea de Gobernadores.

El informe contiene un breve sumario de las tendencias del desarrollo en América Latina, una revisión de las actividades en 201_ y un análisis sectorial de las operaciones del Banco. Además, el informe presenta una descripción, por países y también sobre bases regionales, de las diversas operaciones que el Banco lleva a cabo —préstamos, financiamiento de pequeños proyectos y cooperación técnica— para ayudar al desarrollo de América Latina, así como una relación de los progresos alcanzados en la ejecución de los proyectos, una lista de los préstamos aprobados en 201_, indicadores estadísticos correspondientes a la región, los estados financieros del Banco y los apéndices generales.

En cumplimiento del Artículo III, Sección 3, Literal (a) del Convenio Constitutivo del Banco, se presentan separadamente los estados de las cuentas correspondientes a las distintas fuentes de recursos, revisados por los auditores externos. Los que corresponden a los recursos ordinarios de capital, se presentan de conformidad con las disposiciones del Artículo VIII, Sección 6, Literal (a) del Convenio Constitutivo; los del Fondo para Operaciones especiales, en cumplimiento del _ Artículo IV, Sección 8, Literal (d) del Convenio Constitutivo; los de la Cuenta de la Facilidad de Financiamiento Intermedio, de acuerdo con la Sección 5, Literal (d) de la Resolución AG-12/83 de la Asamblea de Gobernadores; los del fondo Fiduciario de Progreso Social, de acuerdo con la Sección 5.04 del Contrato firmado entre el gobierno de los Estados Unidos y el Banco, y los del Fondo de Fideicomiso de Venezuela, según el Artículo VI, Cláusula 24, del Contrato entre el gobierno de Venezuela y el Banco.

Saluda a usted muy atentamente,

Enrique V. Iglesias
Enrique V. Iglesias
Presidente de la Asamblea de Gobernadores
Banco Interamericano de Desarrollo

DOCUMENTO MODELO 14-1 RESUMEN EJECUTIVO DE UN INFORME ANUAL

I. Resumen Ejecutivo de la Bolsa de valores en El Salvador de 2008

1. Panorama Económico Internacional

Después del estallido, en agosto del 2007, de la crisis por las hipotecas de alto riesgo en los Estados Unidos, la cual se trasladó a todo el sector financiero y contagió a toda la economía de ese país, afectando a toda la economía del mundo, ésta ha evolucionado a tal grado que para el cierre del 2008 se ha convertido en una crisis sistémica con repercusiones a nivel mundial. La mayoría de países ha tomado medidas como: financiamiento para la compra de papeles comerciales y préstamos a las compañías con problemas, aprobación de paquetes de rescates financieros, aumentos en los montos de garantías para los depósitos con el fin de proteger los ahorros de las familias, ejecución de rescates bancarios y reducciones a niveles históricos de las tasas de interés de referencia, en forma coordinada.

Asimismo, las proyecciones de crecimiento económico y social son cada vez menos optimistas por parte de los organismos internacionales. Para el caso, en el ámbito corporativo, se han perdido cientos de miles de puestos de trabajos, con perspectivas de aumentos en la tasa de desempleo. Las ganancias de las empresas se han reducido a tal grado que muchas compañías en todo el mundo finalizaron con pérdidas. El precio internacional del petróleo cayó afectado por la disminución en su demanda, lo que ha impactado en los países exportadores de petróleo y finalmente aumentaron los fraudes financieros, lo que ha incidido aun más en la ya debilitada confianza de los inversionistas.

Este entorno económico global adverso, tuvo repercusiones en los mercados bursátiles de todo el mundo, los cuales presentaron una alta volatilidad producto de la falta de confianza, los temores de un agravamiento de la crisis y un eventual desaceleramiento de la economía mundial.

Source: Bolsa de Valores de El Salvador, permissions request submitted separately
http://www.superval.gob.sv/ddi/html_publicaciones/informes_bursatiles/anuales/anio_2008.pdf

---

14-2 ¿Qué sabe Ud. sobre la carta de transmisión del presidente y el informe anual?

Vuelva Ud. a las «Preguntas de orientación» que se hicieron al principio del capítulo y ahora contéstelas en oraciones completas en español.

1. _____

_____

_____

2. _____

_____

_____

3. _____

_____

_____

4. _____

_____

_____

5. _____

_____

_____

6. _____

_____

_____

14-3 Ejercicios de vocabulario

1. Dé un sinónimo de las siguientes palabras o frases, usando las que están subrayadas en la Carta modelo 14-1 y otras que Ud. conozca. También traduzca estas frases al inglés.

   a. de acuerdo con _____

   (inglés) _____

b. estatuto _____

(inglés) _____

c. año fiscal _____

(inglés) _____

d. breve resumen _____

(inglés) _____

e. realiza _____

(inglés) _____

f. origen de fondos _____

(inglés) _____

g. interventor de cuentas _____

(inglés) _____

h. los que pertenecen _____

(inglés) _____

14-4 Ejercicio de traducción*: Del español al inglés

Traduzca al inglés el primer párrafo del Documento modelo 14-1.

_____

_____

_____

_____ :

_____

---

*OPCIONAL: 1. Para hacer este ejercicio, sírvase usar algún programa de traducción bilingüe para generar una traducción hecha por computadora. Los pasos serán los siguientes: escribir de nuevo la carta original o usar un escáner para traspasar la copia de la carta a su programa de procesamiento de textos, y luego pasar la carta original por el programa de traducción. ¡OJO! Luego hará falta corregir los errores de la traducción automatizada, importantísima actividad que se llama «posrevisión». 2. Haga una traducción visual de la carta. Es decir, traduzca oralmente el texto escrito.

_____

_____

_____

_____

_____

_____

_____

_____

_____

_____

_____

_____

_____

_____

_____

_____

_____

_____

_____

_____

14-5 Redacción de cartas

En una hoja aparte, redacte en español para su propia empresa una carta de transmisión a los accionistas y otros funcionarios. Ésta debe seguir el estilo de la Carta modelo 14-1.

14-6 Problema numérico-comercial

Todos los años Ud. procura calcular el valor total de su patrimonio personal y/o familiar con fines de evaluar su situación financiera. Para hacerlo, Ud. prepara dos estados de situación: uno para precisar el activo y el pasivo, o sea, para saber lo que tiene y lo que debe; y otro en el que se especifican los gastos y las rentas. Sírvase de los siguientes modelos e indique el valor de cada partida.

Patrimonio personal y/o familiar (anual)

Activo		Pasivo	
Casa	_____	Cuentas por pagar	_____
Automóvil	_____	Deudas a largo plazo	_____
Otros bienes inmuebles o muebles	_____	TOTAL PASIVO	_____
Acciones	_____		
Bonos	_____		
Otros valores	_____		
TOTAL ACTIVO	_____		

Presupuesto personal y/o familiar (anual)

Rentas		Gastos	
Salario o sueldo	_____	Alimentos	_____
		Ropa	_____
Inversiones	_____	Vivienda	_____
Otras rentas	_____	Transporte	_____
TOTAL RENTAS	_____	Otros gastos	_____
		TOTAL GASTOS	_____

Haga los siguientes ejercicios:

1. ¿Tiene Ud. saldos deudores o acreedores en ambos estados? ¿De cuánto dinero?
2. ¿Cómo puede Ud. mejorar su estado de situación?

DOCUMENTO MODELO 14-2. ÍNDICE DEL INFORME ANUAL

El índice del informe anual debe incluir todos los datos necesarios para que el lector pueda comprender la historia de la empresa durante el año pasado, el estado actual y el probable futuro de ella.

Informe Anual de 201_ del Banco Interamericano de Desarrollo

ÍNDICE

- Mensaje del Presidente
- Miembros del Directorio Ejecutivo

I. El Banco en 201___

Áreas clave

- Reducción de la pobreza
- Energía sostenible y cambio climático
- Agua y otros tipos de infraestructura
- Educación e innovación
- Oportunidades para la Mayoría

Otras áreas clave

- Desarrollo del sector privado
- Capacidad institucional y finanzas
- Integración regional
- Supervisión

II. Actividad crediticia del año

- Préstamos y garantías
- Costo total de los proyectos
- Desembolsos
- Amortizaciones

III. Eventos financieros destacables

- Capital Ordinario
- Fondo para Operaciones Especiales
- Sucesos destacados de 201_
- Estados financieros básicos del Capital Ordinario
- Estados financieros básicos del Fondo para Operaciones Especiales
- Estados financieros básicos de la Cuenta de la Facilidad de Financiamiento Intermedio
- Estados financieros básicos de la Facilidad No Reembolsable del Banco

---

14-7 Ejercicios: Índice del informe. Índice del informe anual para completar

1. Utilice los informes personales hechos por Ud. al final de cada capítulo de este cuaderno para escribir a continuación un índice del informe anual de su propia empresa.

_____

_____

_____

_____

_____

_____

_____

_____

_____

_____

_____

_____

_____

_____

_____

_____

_____

_____

_____

_____

2. Redacte un informe narrativo en el que resuma los hechos importantes correspondientes al año fiscal 201_, el año inicial de la constitución de su propia empresa. Utilice el índice del ejercicio anterior como bosquejo de su informe. La junta directiva, su profesor/a de español y sus accionistas y clientes, es decir, sus compañeros de clase, van a recibir un ejemplar de este documento. ¡Buena suerte ahora y en el futuro éxito de su empresa!

_____

_____

_____

_____

_____

_____

_____

_____

_____

_____

_____

_____

_____

_____

14-8 Ejercicios auditivos al teléfono: Las perspectivas para el futuro

1. Lea las siguientes preguntas. Después escuche atentamente la conversación telefónica del Capítulo 14 que acompaña el programa *Éxito comercial* y contéstelas en oraciones completas. Puesto que la comprensión auditiva es una destreza comunicativa sumamente importante, se recomienda escuchar la conversación varias veces.

   a. ¿Cuál es el propósito del viaje de negocios de Beatriz López?

   b. ¿Cuáles son los países que pertenecen a la Cuenca del Caribe según Beatriz?

   c. ¿Qué efecto tuvo el TLCAN (*pronounced* «telecán») en los negocios de Dicho y Hecho?

   d. ¿Qué cambios recomienda Beatriz en las operaciones de la agencia de colocaciones?

2. Vuelva a escuchar la conversación y complete las siguientes oraciones con la información acerca del viaje de Beatriz López a San José, Costa Rica.

   a. Al hablar por teléfono con el Sr. Flores, la Srta. López está en la oficina de una

   _____.

   b. Beatriz le explica a Jesús que la Cuenca del Caribe hispanoparlante comprende casi todos los

   países de _____, no sólo los países típicamente caribeños como

   Puerto Rico, Cuba y República Dominicana.

3. Vuelva a escuchar la conversación y complete las siguientes oraciones con las perspectivas de Beatriz López para el futuro de su agencia de colocaciones de personal.

   a. Cuando se inició el TLCAN, era suficiente reclutar y ayudar a clientes del país de

   _____.

   b. La nueva ley de Washington ofrece beneficios a los que conozcan la cultura de los

   países _____ y, en muchos casos, a los que sepan la cultura

   _____.

Siglas comerciales útiles

Sigla	Palabra/expresión	Significado en inglés
A		
a.c.	año corriente	*current year*
A.M.	ante meridiano	*a.m.*
adj.	adjunto	*attachment*
Admón.	administración	*management*
afmo.	afectísimo	*very truly*
apto.	apartado	*post office box, P.O. Box*
art.	artículo	*article*
Atn.	atención	*attention*
Avda.	avenida	*avenue*
B		
B/.	bultos	*bundles, packages*
B/L	conocimiento de embarque	*bill of lading*
B.O.E.	Boletín Oficial del Estado	*Official Gazette*
C		
C., c/	calle	*street*
C /	cuenta	*account*
C/A	cuenta de ahorros	*savings account*
cheq.	cheque	*check*
Cía.	compañía	*company*
cm.	centímetro	*centimeter*
cntrl.	control	*control*
cot.	cotización	*quote, quotation*
cta.	cuenta	*account*
c/u	cada uno	*each one*
D		
D./Da	don, doña	*title of respect*
dcha.	derecha	*right*
dep.	depósito	*deposit*
depto.	departamento	*department*
desc.	descuento	*discount*
d/f	días fecha	*at ___ days' date*
D.N.I.	Documento Nacional de Identidad	*national I.D. card (Spain)*
dupdo.	duplicado	*duplicate*
d/v	días vista	*at _____ days' sight*

Sigla	Palabra/expresión	Significado en inglés
E		
EE.UU.	Estados Unidos	*United States*
efvo.	efectivo	*cash*
embje.	embalaje	*packing*
env.	envase	*container*
EUA	Estados Unidos de América	*U.S.A. (United States of America)*
exp.	exportación	*export*
F		
f.a.b. ó f.o.b.	franco a bordo	*free on board*
F.C.	ferrocarril	*railroad*
fha.	fecha	*date*
f°	folio	*folio*
fono.	teléfono	*telephone*
fra.	factura	*invoice*
Fig.	figura	*figure*
G		
g/ ó g.	giro	*draft; exchange*
gr.	gramo	*gram*
gral.	general	*general*
H		
Hno. ó Hnos.	hermano o hermanos	*brother or brothers*
I		
impte.	importe	*amount, total*
impto.	impuesto	*tax*
izqda.	izquierda	*left*
K		
kg.	kilogramo	*kilogram*
km.	kilómetro	*kilometer*
L		
L./ ó L° ol.	letra de cambio	*bill of exchange*
Ltd. ó Ltda.	limitada	*limited*
Lb.	libra, libras	*pound, pounds*
liq°	líquido	*liquid*

Sigla	Palabra/expresión	Significado en inglés
M		
m.	metro	*meter*
merc.	mercadería, mercancía	*merchandise*
m/f	mi favor	*my favor, to my account*
m/fha.	meses fecha	*at _____ months' date*
M/S	manuscrito	*manuscript*
m/v	meses vista	*at _____ months' sight*
N		
N° ó No. ó núm.	número	*num., number*
n/f	nuestro favor	*our favor, to our account*
O		
o/	orden	*order*
onz.	onza	*ounce*
P		
p.	pagaré	*I.O.U.*
pág.	página	*page*
pagd° ó pagdª	pagado o pagada	*paid*
paq.	paquete	*package*
part.	partida	*entry*
P.D.	posdata	*post script*
p. ej.	por ejemplo	*for example*
pgdro/a/s	pagadero	*payable*
Pl.	plaza	*place*
P.M.	pasado meridiano	*p.m.*
Po.nto.	peso neto	*net weight*
p.pdo.	próximo pasado (mes, año)	*last month, year*
prod.	producto	*product*
ps.	peso	*peso*
Q		
Q.B.S.M.	que besa(n) su mano	*respectfully*
q.e.p.d.	que en paz descanse	*R.I.P., may s/he rest in peace*
R		
ref.	referencia	*reference*
reg.	registro	*record*
recib°	recibido	*received*
rtdo.	resultado	*bottom line*

Sigla	Palabra/expresión	Significado en inglés
S		
S.A.	Sociedad Anónima	*corporation*
S.A. de C.V.	Sociedad Anónima de Capital Variable	*variable capital corporation*
sal.	salida	*departure*
san. ó sanit.	sanitario	*health*
S. en C.	Sociedad en Comandita	*silent partnership*
S. en N.C.	Sociedad en Nombre Colectivo	*partnership*
s/f	su favor	*your favor, to your account*
soc.	sociedad	*company*
sol.	solicitud	*request*
S.R.L.	Sociedad de Responsabilidad Limitada	*limited liability company*
Sr. ó Sra. ó Srta.	señor o señora o señorita	*Mr., Mrs. or Miss/Ms.*
S.S.S.	Su Seguro Servidor	*Respectfully yours*
T		
tel.	teléfono	*telephone*
ton.	tonelada	*ton*
tot.	total	*total*
U		
Ud.	usted	*you (formal/singular)*
Uds.	ustedes	*you (formal/plural)*
últ.°	último	*last*
V		
Vd.	usted	*you (formal/singular)*
Vds.	ustedes	*you (formal/plural)*
V°B°	Visto Bueno	*approved, OK*
vto.	vencimiento	*maturity, expiration, due date*
Y		
yd(s)	yarda(s)	*yard(s)*

Respuestas a los problemas numérico-comerciales

A continuación se dan las respuestas a los problemas numérico-comerciales para cada lección. Cada número de respuesta corresponde al número del ejercicio en la lección. Sólo en el caso de los problemas en que se pide a los estudiantes que hagan una investigación personal, no se ofrecen soluciones específicas, ya que los resultados pueden variar según las cifras y los datos obtenidos. En algunas respuestas también se indican los cálculos hechos para lograr los resultados finales.

¡OJO! La puntuación que se usa en las respuestas que aparecen a continación varía según el país hispanohablante de que se trata. En El Salvador, Guatemala, Honduras, México, Nicaragua, Panamá, Perú, Puerto Rico y la República Dominicana, se usa el mismo sistema de puntuación —puntos y comas— que se usa en Estados Unidos. En Argentina, Bolivia, Chile, Colombia, Costa Rica, Cuba, Ecuador, España, Guinea Ecuatorial, Paraguay, Uruguay y Venezuela se usa el sistema opuesto. Véase la nota de la páginas 7 y 17.

Capítulo 1 (p. 17)
Respuestas

Las respuestas varían según las cifras y los datos hallados por los estudiantes.

Capítulo 2 (p. 31)
Respuestas (todas cantidades se dan en euros [EUR])

1. 1.000.000

2. Socio por ciento del capital aportado

Ud. (activo)	30%	(300.000/1.000.000)
Socio II (activo)	10%	(100.000/1.000.000)
Socio III (activo)	25%	(250.000/1.000.000)
Socio IV (comand.)	35%	(350.000/1.000.000)

3. Socio ganancias

Ud.	150.000	(500.000 × 0.30)
Socio II	50.000	(500.000 × 0.10)
Socio III	125.000	(500.000 × 0.25)
Socio IV	175.000	(500.000 × 0.35)

4. Los socios activos tienen que asumir 1.300.000 euros (= 30% + 10% + 25% = 65% de los 2.000.000 euros perdidos) más los 700.000 de los euros restantes. Normalmente, a menos que los contratos de constitución indiquen algo diferente, el socio comanditario es responsable de pagar sólo hasta la cantidad aportada a la empresa. De modo que, en este caso, el socio comanditario tiene que pagar 350.000 euros.

5. Para reducir su responsabilidad financiera y evitar pérdidas tales como las indicadas en el número 4 arriba, los socios activos podrán formar una sociedad anónima o limitada y gozar entonces de los mismos derechos que el socio comanditario.

Capítulo 3 (p. 44)
Respuestas (todas las cantidades se dan en pesos mexicanos [MXN])

1. Su sueldo anual será $250,000 ($200,000 + [$200,000 × .25]) o $500,000 por los dos años.

2. A la compañía le costará $570,000 ($500,000 de sueldo + $50,000 de vivienda + $20,000 de mudanza) para enviarlo a Ud. a México.

Capítulo 4 (p. 62)
Respuestas (todas las cantidades se dan en quetzales guatemaltecos [GTQ])

1. El interés del primer préstamo será $14,000 ($100,000 × .14).
   El interés del segundo préstamo será $29,750 ($175,000 × .17).

2. El interés del primer pagaré será $42,000 ($100,000 × .14 × 3).
   El interés del segundo pagaré será $119,000 ($175,000 × .17 × 4).

3. El importe total del primer pagaré será $142,000 ($100,000 + $42,000).
   El importe total del segundo pagaré será $294,000 ($175,000 + $119,000).
   El gran total será $436,000.

4. Después de 20 meses la compañía pagaría $347,916 ($123,333 + $224,583).

Capítulo 5 (p. 79)
Respuestas (todas las cantidades se dan colones costarricenses [CRC])

1. Si alquila el edificio, la compañía habrá pagado $12.000.000 colones el primer año ($1.000.000 × 12) y $12.600.000 el segundo año (1.000.000 + 1.000.000 [0,05 × 12]).

2. Si alquila el edificio, la compañía habrá pagado $126.000.000 ($100.000.000 + $100.000.000 [0,13 × 2]).

3. Será más eficaz alquilar el edificio a corto plazo, o sea por dos años, porque no resulta tan caro como el comprar el edificio, pero a largo plazo, o sea después de 20 años, resultará más eficaz comprarlo.

Capítulo 6 (p. 93)
Respuestas (todas las cantidades se dan en dólares estadounidenses [USD])

1. $350 + $30 + $70 + $20 + $150 + $60 = $680.

2. Si Ud. paga el importe en 30 días, pagará $612 (total venta $680, menos el descuento de 10% o $68, es decir, $680 – $68 = $612).

3. Tendrá que pagar $731 [$680 + $680 × (.075)].

Capítulo 7 (p. 110)
Respuestas (todas las cantidades se dan en dólares estadounidenses [USD])

1. Ud. ganará $41,600 (52 semanas × 40 horas × $20 por hora).

2. Ud. ganará $43,680 [$41,600 + ($41,600 × 0.05)].

Capítulo 8 (p. 124)

Respuestas (todas las cantidades se dan en pesos colombianos [COP])

1. $12.860.000 + $4.800.000 + $7.830.000 + 1.302.000 = $26.792.000 (COP)
2. La suma de los seguros y flete será $1.339.600 = ($26.792.000 × 0,05). El importe total será $28.131.600. ($26.792.000 + [26.792.000 × 0,05]).

Capítulo 9 (p. 140)

Respuestas (todas las cantidades se dan en nuevos soles peruanos [PEN])

1. Los gastos publicitarios representan el 15% de los gastos totales ($315,000/$2,100,000).
2. Los gastos publicitarios constituyen el 12% de la venta total ($315,000/$2,625,000).
3. Las ganancias representan el 20% de la venta ($2,625,000 – $2,100,000 = $525,000; $52,000/$2,625,000).

Capítulo 10 (p. 158)

Respuestas (todas las cantidades se dan en dólares estadounidenses [USD])

1. La tarifa marítima será $750 (50 × $15).
   La tarifa terrestre será $1,000 (50 × $20).
   La tarifa aérea será $2,000 (50 × $40).
2. La tarifa marítima será la más barata.

Capítulo 11 (p. 173)

Respuestas (todas las cantidades se dan en pesos uruguayos [UYU])

1. La empresa tendrá que vender 10.000 acciones (3.350.000/335.00).
2. El importe de la compra será $167.500.
3. Si subiera el valor nominal a $350,00, Ud. ganaría $7.500 [(350,00 − 335,00] × 500).

Capítulo 12 (p. 186)

Respuestas

Los resultados dependerán de los costos de cada categoría investigada en Internet.

Capítulo 13 (p. 205)

Respuestas (todas las cantidades se dan en dólares estadounidenses [USD])

1. Las balanzas de las exportaciones e importaciones, en millones de $USD, son:
   Balanza de pagos = Exportaciones – Importaciones

   2007 $1,223 millones = $3,413 − $2,190 (millones)
   2008 $2,617 millones = $6,594 − $3,977 (millones)
   2009 $1,959 millones = $6,084 − $4,125 (millones)

   El valor (en $USD) de las balanzas de las exportaciones y las importaciones de EUA con la República Dominicana dobló (de un total de $1,223 en 2007 a $2,617 en 2008, pero bajó un 20% de $2,617 en 2008 a $1,959 en 2009 (en millones de $USD).

2. Entre 2007 y 2008, las exportaciones aumentaron $3,181 millones ($6,594 − $3,413 en millones de $USD).

   Entre 2008 y 2009, bajaron $510 millones ($6,084 − $6,594 en millones de $USD).

   Entre 2007 y 2009, aumentaron $2,671 millones ($6,084 − $3,413 en millones de $USD).

   La tendencia es que las exportaciones de EUA a la República Dominicana han subido un 78% de 2007 a 2009 (valor del aumento = $2,671 millones $USD: $6,084 − $3,413)), indicando un fuerte aumento.

3. Entre 2007 y 2008, las importaciones aumentaron $1,787 millones ($3,977 − $2,190 en millones de $USD).

   Entre 2008 y 2009 aumentaron $148 millones ($4,125 − $3,977 en millones de $USD).

   Entre 2007 y 2009, aumentaron $1,935 millones ($4,125 − $2,190 en millones de $USD).

   La tendencia es que entre 2007 y 2008 las importaciones a EUA de la República Dominicana aumentaron un 80% y entre 2008 y 2009 las importaciones a EUA de la República aumentaron menos de un 1%.

Capítulo 14 (p. 214)
Respuestas

Las respuestas varían según las cifras y los datos hallados por los estudiantes.

Vocabulario

ESPAÑOL–INGLÉS

NOTA: *adj* = adjetivo; *f* = femenino; *i* = "stem-change verb"; *ie* = "stem-change verb"; *ue* = "stem-change verb"; *m* = masculino; *s* = sujeto.

A

abastecedor/a • *supplier*
abastecer • *to supply*
abastecimiento • *supply*
abonar • *to credit*
absoluta reserva • *strictest confidence*
acción • *stock, share*
accionista (*m/f*) • *stockholder, shareholder*
acero • *steel*
aclarar • *to clarify*
acontecimiento • *event*
a continuación • *following, below (on a page)*
acordar (ue) • *to agree*
a corto (largo, medio) plazo • *in the short (long, mid-) term*
acreedor/a • *creditor*
actas (de una reunión) • *minutes (from a meeting)*
activo • *asset*
actual (*adj*) • *current*
acudir • *to come, attend*
acuerdo • *agreement*
acusar recibo de • *to acknowledge receipt of*
acuse de recibo (*m*) • *acknowledgment*
adelanto por • *in advance*
adeudar • *to debit*
adiestrar • *to train*
adjuntar • *to attach, enclose*
adjunto (*adj*) • *attached, enclosed*
adquisición • *takeover*
aduana • *customs*
afán (*m*) • *eagerness*
aficionado • *fan*
de deportes • *sports fan*
afín (*adj*) • *related*
afrontar • *to face, confront*
agradarle • *to be pleased*
agradecer • *to thank*

agrado • *pleasure*
agregar • *to add*
ahorro • *savings*
ajustar • *to settle, fix, adjust*
ajuste (*m*) • *settlement, payment, adjustment*
a la mayor brevedad • *as soon as possible*
a la vista • *at sight, on sight*
albarán (*m*) • *delivery invoice*
al dorso • *on the back*
alicates universales (*m*) • *multipurpose pliers*
almacén (*m*) • *warehouse, department store*
almacenaje (*m*) • *storage*
alojamiento • *lodging*
al parecer • *apparently*
al por mayor • *wholesale*
al portador • *to the bearer*
alquilar • *to rent*
alquiler (*m*) • *rent*
amable (*adj*) • *kind*
ameno (*adj*) • *nice, agreeable*
amplitud (*f*) • *magnitude*
andador • *walker (for disabled)*
anexar • *to append*
anexo • *attachment*
año en curso • *this year*
anotar • *to note, jot down*
antedicho (*adj*) • *aforementioned*
antefirma • *formal ending of letter (usually company name)*
anti-arrugas • *wrinkle-proof*
anticipadamente • *in advance*
anticipado: por • *in advance*
anuncio • *announcement, advertisement*
aparatos electrodomésticos • *household appliances*
apartado • *post office box*
a partir de • *henceforth*
apertura • *opening (of a business)*

aplazamiento • *postponement*
aplazar • *to postpone*
apoderado • *agent, representative*
aportación • *contribution*
aportar • *to contribute*
apreciable • *esteemed*
aprobación • *approval*
apunte (m) • *note*
arancel (m) • *tariff*
árbitro • *arbiter, umpire*
archivar • *to file*
archivo • *filing cabinet, file*
arrendador/a • *lessor, landlord, renter*
arrendamiento • *lease, rent*
arrendatario • *lessee, tenant, renter*
arroz de coco (m) • *coconut rice*
a sabiendas • *knowingly*
Asamblea de Gobernadores • *Board of Governors*

B

balance (m) • *balance sheet*
　　de situación • *balance sheet*
banca • *banking (industry)*
bancario • *banking*
bandeja • *tray*
　　fija • *stationary tray*
barrera • *barrier*
beca • *scholarship*
beneficio • *profit, benefit*
beneficioso (adj) • *profitable*
bien (m) • *good*
　　inmueble • *real estate*
　　mueble • *movable or personal property*
boleta de depósito • *deposit slip*
bolígrafo • *ball-point pen*
bolsa • *stock market, stock exchange*
bonaerense (adj) • *pertaining to Buenos Aires*
bonificación • *allowance, discount, rebate*
bono • *bond*
borrador (m) • *rough draft*
bosquejo • *draft, outline*
bote (m) • *jar*
breve sumario • *short summary*
brevedad: a la mayor • *as soon as possible*
brindar • *to offer*
brocha • *paintbrush*
bruto (adj) • *gross*

buque (m) • *ship*
bulto • *bulk*
búsqueda • *search (job)*

C

cabecera • *heading (email)*
cadena • *chain*
caja • *cash, cash register, box, case*
　　social • *company cash*
cálculo • *calculation*
caldera • *heater, boiler*
cambio • *change, exchange*
　　de moneda • *exchange (currencies)*
　　de dirección • *relocation, change of address*
camote (m) • *sweet potato (México)*
campaña • *campaign*
capital (m) • *capital*
　　social • *working capital*
captación • *capture*
cargar • *to charge*
cargo • *charge; post, position*
carpeta • *folder, portfolio*
carrera • *career, street (Colombia)*
carta • *letter*
　　circular • *form letter*
　　de agradecimiento por la ayuda durante un viaje • *letter thanking someone for help during a trip*
　　de apertura • *letter announcing the opening (of a business)*
　　de cancelación • *cancellation letter*
　　de clausura o liquidación • *letter announcing the closing (of a business)*
　　de cobro • *collection letter*
　　de concesión de crédito • *letter authorizing credit*
　　de cotización • *quote, quotation letter*
　　de crédito • *letter of credit*
　　de denegación de crédito • *letter denying credit*
　　de pedido • *letter placing an order*
　　de petición de referencias • *letter requesting references*
　　de presentación • *letter of introduction*
　　de reclamación • *complaint letter*
　　de recomendación • *letter of recommendation*

de referencia • *reference letter*

de representación exclusiva • *letter requesting or granting exclusive right to represent a company*

de reservación • *letter making reservations*

de solicitud de crédito • *letter requesting credit*

de solicitud de cotización • *letter requesting a price quotation*

de transformación • *letter announcing change (of a company's legal status)*

rutinaria • *routine letter, form letter*

casa matriz • *headquarters*

casillero • *cashier's window, block (form)*

cédula • *document, decree*

cerradura • *closing, locking*

cerrojo • *lock*

cierre (*m*) • *closing*

certificado • *certificate*

de depósito • *certificate of deposit*

de origen • *certificate of origin*

sanitario • *health certificate*

cheque (*m*) • *check*

a la orden o al portador • *check to the bearer*

bancario • *bank check*

nominativo • *check made out to a specific person*

cifra • *number, figure*

clave (*f*) • *key*

clavo • *nail*

climatización • *air-conditioning*

cobertura • *coverage (insurance)*

cobrar • *to charge, collect, cash (a check)*

colindante (*adj*) • *adjoining, neighboring*

comanditario • *silent partner*

comercialización • *marketing (a product)*

comerciante (*m/f*) • *merchant*

comerciar • *to trade*

cometido • *task*

comparecer • *to appear*

compareciente (*m/f*) • *person appearing before the court*

complacerle a uno • *to please someone*

comportamiento • *behavior*

compra • *purchase*

neta • *net purchase*

comprador/a • *buyer*

compraventa • *buying and selling, sales and purchases*

comprobante (*m*) • *receipt*

comprobar (ue) • *to verify*

comprometerse a • *to commit or pledge oneself to*

compromiso • *commitment*

comunicado • *communiqué, communication*

de prensa • *press release*

conceder • *to grant*

concertar (ie) (una cita) • *to make an appointment*

condiciones de pago • *conditions of payment*

confianza • *confidence, trust*

confiar (en) • *to entrust, trust*

conforme a • *in agreement with*

conocimiento de embarque • *bill of lading*

consejo de administración • *board of directors*

consignación • *consignment*

consignatario • *consignee*

constar (de) • *to be comprised of*

consuetudinario • *customary*

consumidor/a • *consumer*

contabilidad • *accounting*

contable (*s*) • *accountant; (adj) accounting*

público • *certified public accountant*

contador/a • *accountant*

contaduría • *accounting*

contar con (ue) • *to rely on*

contenedor • *container*

continente (*m*) • *continent, container*

contraseña • *password*

contratiempo • *mishap*

contratar • *to hire*

contrato • *contract*

de arrendamiento • *lease*

de representación exclusiva • *sole agency contract*

convenio • *agreement*

convenir • *to agree*

corredor/a • *broker, agent*

correo • *post office, mail*

aéreo • *airmail*

aparte: por • *under separate cover*

certificado • *registered mail*

electrónico • *e-mail*

corriente (*adj*) • *current, flow*

costar • *to cost*

coste (*m*) • *cost*

costo • *cost*

    de ventas • *cost of goods sold*

cotizar • *to make a price quotation*

crediticio (*adj*) • *credit*

crédito(s) • *credit*

cuarto sencillo • *single room*

cuba • *vat, tub*

cuenta • *account*

    corriente • *current account, checking account*

    de ahorros • *savings account*

    por cobrar • *accounts receivable*

    por pagar • *accounts payable*

cuentacorrentista (*m/f*) • *holder of a checking account*

cuidadosamente • *carefully*

cumplidor (*s*) • *dependable person; (adj) reliable*

cumplimiento • *fulfillment, execution*

cumplir con • *to fulfill, honor*

cuño • *printing*

cuota de liquidación • *closing costs*

currículum vitae (*m*) • *résumé*

cursos de capacitación • *on-the-job or in-service training*

D

dar fe • *to attest to, witness*

de antemano • *beforehand*

de conformidad con lo dispuesto • *pursuant to*

de costumbre • *as usual*

debidamente • *in timely fashion*

déficit (*m*) • *deficit*

degustación de vino • *wine-tasting*

del actual (año) • *current year*

demorar • *to delay*

demostración • *demonstration*

denegación • *denial*

denegar (ie) • *to deny, turn down*

derecho • *right, fee*

derrotar • *to destroy*

descongelación • *defrosting*

descuento • *discount*

desempeñar • *to perform*

desempeño • *performance*

desenfrenado (*adj*) • *unbridled*

despachar • *to send, mail; complete*

despacho • *shipment, mailing, office*

despedida • *close (of a letter)*

desplazar • *to travel, scroll*

destacar • *to point out*

destinatario • *addressee*

detenido (*adj*) • *careful, thorough*

deuda • *debt*

deudor (*s/adj*) • *debtor, one who owes*

devolución • *return, refund, repayment*

dictamen (*m*) • *report*

dictar • *to dictate, to give dictation*

dimisión • *firing*

dimitir • *to fire*

dirección • *address, management*

disponer (de) • *to have available*

disponible • *available*

disposición • *provision*

dispositivo • *device*

dispuesto (*adj*) • *ready*

divisa • *currency*

    extranjera • *foreign exchange*

documento nacional de identidad (D.N.I.) • *official identification card (Spain)*

domiciliado en • *residing at*

E

efectivo • *cash*

efectos • *goods, property*

efectuar • *to carry out, perform, complete*

ejemplar (*m*) • *copy (e.g., of a book)*

ejercicio • *accounting period, fiscal year*

elaborar • *to manufacture, process, produce*

electrodomésticos • *electrical appliances*

elemento clave • *key element*

embalaje (*m*) • *packing, packaging*

embarque (*m*) • *loading, shipment*

embotellar • *to bottle*

emisión • *issuance, issue*

emitir • *to issue*

empanada • *meat pie*

empaque (*m*) • *packing*

emplazamiento • *location, summons*

empleado • *employee*

    modelo • *model employee*

emprender • *to undertake*

empresa • *enterprise, company, firm*
   individual • *sole proprietorship*
   social • *company (of more than one person)*
empresarial (*adj*) • *managerial*
encabezamiento • *heading*
en calidad de • *in the capacity of*
encargado • *person in charge*
encargarle a uno hacer algo • *to charge someone to do something*
encargarse de • *to take charge or care of*
en concepto de • *as, by way of*
encuadernación • *binding*
encuesta • *survey*
en cumplimiento de • *in compliance with*
endosante (*m/f*) • *endorser*
endosar • *to endorse*
endosatario • *endorsee*
en efectivo • *cash*
en espera de • *awaiting*
enlace: de • *liaison, connection*
enlatado (*adj*) • *canned*
en proporción a • *equal to*
entrega • *delivery*
   inmediata • *special delivery*
entregado (*adj*) • *delivered*
entrevistado • *interviewee*
entrevistador/a • *interviewer*
entrevistar • *to interview*
envase (*m*) • *packing, packaging*
en vigor • *in effect*
envío • *shipment*
escala • *scale*
escoba • *broom*
escritura • *document, deed*
   de una sociedad • *articles of incorporation*
escrutinio • *scrutiny*
esmero • *care, neatness*
estadística • *statistic*
estadístico (*adj*) • *statistical*
estado de situación • *financial statement*
   financiero • *financial statement*
estampar • *to stamp, affix a seal*
estancia (*s*) • *stay (visit)*
estanco • *state tobacco shop (where they sell stamps, bills of exchange, and contracts for property rental)*

estatuilla • *figurine*
estatuto • *by-laws*
estilo • *style*
   bloque • *block style*
   bloque extremo • *extreme block style*
   semibloque • *semi-block style*
estructuración de precios • *pricing*
etapa • *step, stage*
etiqueta • *label, tag*
eximir de responsabilidad • *to exempt or free from responsibility*
existencia • *stock (inventory)*
expedición • *shipment, mailing*
expedidor/a • *sender*
expediente (*m*) • *dossier, curriculum vitae, record*
expedir (*i*) • *to send*
experimentar • *to experience*
exposición • *exhibit*

F
fabricación • *manufacturing*
facsímil (fax) (*m*) • *fax, facsimile*
factura • *invoice*
   consular • *consular invoice*
facultativo (*adj*) • *optional, professional*
faena • *task*
fecha de entrega • *delivery date*
   de libramiento • *issue date*
   de vencimiento • *date of maturity*
felicitaciones • *congratulations*
feria • *fair*
fiable • *reliable*
fiarse • *to trust*
fideicomiso • *trusteeship*
fidelidad • *faithfulness, loyalty*
fiduciario (*adj*) • *fiduciary, trust*
fijar • *to fix, set*
filial (*f*) • *subsidiary*
financiación • *financing*
financiamiento • *financing*
financiero (*adj*) • *financial*
finca urbana • *building (Spain)*
firmante (*m/f*) • *signatory*
firmar • *to sign*
flan (*m*) • *caramel custard*

flete (*m*) • *freight*
flujo de caja • *cash flow*
fondo • *fund*
fono depositante • *depositor's telephone (Chile)*
formulario • *printed form*
frigorífico • *refrigerator*
fructífero • *fruitful*
fuente de recursos (*m*) • *source of funds*
fuerza mayor • *Act of God*
fusión de empresas • *merger*

G
gama • *range, gamut, spectrum*
ganancia • *earnings, profit*
gasto anticipado • *prepaid expense*
    de administración • *administrative
        expense*
    de operación • *operating expense*
    financiero • *financial expense*
género • *good, article*
gerencia • *management*
gerencial • *managerial*
gerente (*m/f*) • *manager, director*
    comercial • *business manager*
    general • *general manager*
gestión • *management*
girado • *drawee*
girador/a • *drawer*
girar • *to draw, make out, or issue*
    bajo la razón social de • *to do business under
        the name of*
giro • *draft*
gomas elásticas • *rubber bands*
grabación • *recording*
grabado (*adj*) • *engraved*
grapa • *staple*
grato (*adj*) • *pleasing*
gratuito • *free*
guía aérea • *airway bill*

H
habichuela • *kidney bean*
habitación • *individual or single room*
hacer • *to make, do*
    constar • *to point out*
    el favor de + infinitivo • *to please
        (do something)*

hasta la fecha • *to date*
heladera • *refrigerator (Arg.)*
hipotecario (*adj*) • *mortgage-related*
hispanoparlante (*s/m/f*) • *Spanish-speaker;* (*adj*)
    Spanish-speaking
historial (personal) (*m*) • *dossier, curriculum
    vitae, history, record*
hoja • *leaf, sheet*
    de vida • *resume, resumé, résumé*
    de ruta • *airbill, route sheet, waybill*
horno microondas • *microwave oven*
hostelero (*adj*) • *hotel related*

I
ida y vuelta • *round trip*
idóneo (*adj*) • *suitable*
importe (*m*) • *amount, price, cost*
impositivo (*adj*) • *tax*
imprenta • *printing (house or art)*
impresión • *printing (function)*
impreso (*s*) • *printed matter;* (*adj*) *printed*
imprimir • *to print*
impuesto • *tax*
incendio • *fire*
incumplimiento • *nonfulfillment*
índole (*f*) • *nature*
informe (*m*) • *report*
ingerir (ie) (en) • *to interfere (in)*
ingresar • *to enter*
ingreso • *income*
inmueble (*m*) • *building, property*
inscribir • *to register*
inscripción • *registration*
intachable • *irreproachable, impeccable*
interés (*m*) • *interest*
interventor • *inspector, supervisor*
inventario • *inventory*
inversión • *investment*
invertir (ie, i) • *to invest*
investigación • *research*
involucrado (*adj*) • *involved*

J
juicio • *judgement, finding*
junta directiva • *board of directors*
juramento • *oath*
jurídico • *legal*

L

laboral (adj) • *working, work*
ladrillo • *brick*
lata • *can (e.g. tin can)*
lavadora • *washing machine*
lector código barras • *bar code control*
letra de cambio • *bill of exchange*
librado • *drawee*
librador/a • *drawer*
libramiento • *delivery, rescue*
libranza • *order of payment*
librar • *to draw, make out, issue*
libre • *free*
libreta • *savings book*
    tributaria • *taxbook number*
licuadora • *blender*
ligero (adj) • *slight*
limpieza • *cleaning*
línea • *line*
    de atención • *attention line*
    de crédito • *line of credit*
liquidar • *to liquidate, settle, pay off*
llamativo • *attractive*
local (m) • *premises*
lucrativo • *lucrative, profitable*

M

manada • *flock*
mando • *control*
    a distancia • *remote control*
    mecánico • *manual control*
manifestar (ie) • *to show, express*
maquinaria • *machinery*
marca • *trademark*
margen (m) • *margin (page)*
martillo • *hammer*
materia • *subject*
mayúscula • *capital letter*
mecanógrafo • *typist*
medianamente • *on the average*
medio publicitario • *means of publicity*
medida • *measure*
membrete (m) • *letterhead*
memorando • *memorandum*
memorándum (m) • *memorandum*
memoria anual • *annual report*
mensual (adj) • *monthly*

mercader (m/f) • *merchant, trader*
mercadería • *commodity, article (pl: merchandise)*
mercado • *market*
    común • *common market*
mercancía • *merchandise, article, commodity*
mercantil (adj) • *mercantile, commercial*
metro • *meter*
minuta • *instructions*
misiva • *letter*
moneda • *coin, currency*
montar • *to establish*
moroso (adj) • *late, overdue, delinquent*
motivo • *reason*
mudanza • *move*
mueble (m) • *furniture*
muestra • *sample*
mutuante (m/f) • *lender*
mutuatario • *borrower*

N

natural (m/f) • *native*
negocio • *business, deal*
neto (adj) • *net*
nevera • *refrigerator*
nivel (m) • *level*
nombramiento • *appointment (to a position)*
nominativo • *bearing a person's name*
notable (adj) • *notable, outstanding*
notario público • *notary public*

O

oferta • *offer, supply*
oficial • *governmental official, employee*
onza • *ounce*
oportuno • *timely*
orden (f) • *order, form*
    de compra • *purchase order*
    de pago • *order to pay*
    de pedido • *order form*
ordenador • *computer (Spain)*
ordenante (m/f) • *person who places an order*
organigrama (m) • *organizational chart, flow chart*
ortográfico (adj) • *spelling*
ostentar • *to show, flaunt*
otorgante (m/f) • *party to a contract, signee*
otorgar • *to grant*

P

pactado • *agreed on*

pagadero (*adj*) • *payable*

pagaré (*m*) • *promissory note (I.O.U.)*

páguese a la orden de • *pay to the order of*

pararrayos • *lightning rod*

parecer: al • *apparently*

pago • *pay, payment*
    inicial • *down payment*

parte (*f*) • *party (to a contract)*

partida • *entry (accounting)*

pasivo • *liability (accounting)*

patrimonio • *personal property, inheritance, net assets, owners' equity*

pedido • *order*

pedir (*i*) • *to ask for, order*

peletería • *fur shop* (also *shoe store* in the Caribbean)

percance (*m*) • *mishap*

percibir • *to collect, receive*

pérdida • *loss*

perforadora eléctrica • *electric drill*

pericia • *expertise*

perito • *expert*

perjudicar • *to damage*

persiana • *Venetian blind*

persona idónea • *the right person*

personal (*m*) • *personnel*

placerle • *to be pleased*

plancha • *iron (appliance)*

planta • *floor*

plantilla • *staff*

plaza • *place, town, market, location*

plazo • *period, installment*
    de entrega • *delivery schedule*

política • *policy*
    de cobro • *collection policy*
    de compras • *purchasing policy*
    de ventas • *sales policy*

póliza • *policy (insurance)*

ponencia • *talk, paper, formal presentation*

poner en marcha • *to start*

poner esmero en hacer algo • *to take great pains to*

por • *for*
    adelantado • *in advance*
    anticipado • *in advance*
    ciento • *percent*
    correo aparte • *under separate cover*
    ende • *therefore*
    separado • *separately*

porcentaje (*m*) • *percentage*

portador/a • *bearer*

portátil • *portable*

posdata • *postscript*

postergar • *to postpone*

práctica • *practice, policy, internship*

precio • *price*
    unitario • *unit price*

precisar • *to specify*

premio • *award, prize*

prepagado • *prepaid*

preparativo • *preparation*

presente (la carta) • *this letter*

presidente • *chief executive officer (CEO)*

presilla • *clip (Caribbean region)*

prestamista (*m/f*) • *lender*

préstamo (*s*) • *loan*

prestar • *to lend*
    un servicio • *to provide a service*

prestatario • *borrower*

presunto (*adj*) • *potential*

presupuesto • *budget*

previsto • *planned*

prima • *premium*

proceso • *process, action, lawsuit, trial*

producto nacional bruto (PNB) • *Gross National Product (GNP)*

promedio • *average*

promoción de ventas • *sales promotion*

promover (*ue*) • *to promote*

pronto • *prompt*

proporcionar • *to provide, supply*

propietario • *owner*

prórroga • *delay, postponement*

prorrogar • *to delay, postpone*

proveedor/a • *supplier*

prueba • *proof*

publicidad • *publicity*

publicitario (*adj*) • *publicity*

puesto • *job, post*

punto de partida • *starting point*

Q

que corresponde a • *with respect to*

queda pendiente • *remains pending, unresolved, unsettled*

quedar a sus órdenes • *to remain*

quedar de • *to remain*

quien corresponda: a • *to whom it may concern*

R

radio (*m*) • *radio (device)*

rama • *branch*

ramo • *field (sector)*

razón social (*f*) • *company name*

rebaja • *sale, discount, reduction*

recibo • *receipt*

reclamar • *to complain*

recurso • *resource*

red (*f*) • *network*

redacción • *writing, drafting*

redactar • *to write, edit*

redactor/a • *editor*

rédito • *interest, yield, return*

reembolso • *reimbursement, repayment*

reemplazar • *to replace*

reexpedir • *to forward (mail)*

regir (i) • *to govern*

registro • *registry*

    Estatal o Federal de Contribuyentes • *National Tax Registry*

    Mayorista • *Wholesaler's Registry*

reglamento • *rule, regulation*

reino • *kingdom*

rellenar • *to fill out, complete*

remesa • *shipment, consignment, remittance*

remitente (*m/f*) • *sender*

remitir • *to send, ship*

renglón (*m*) • *written line*

renta • *income*

rentabilidad • *profitability*

reportero • *reporter, news reporter*

representación exclusiva • *exclusive agency*

repuesto • *spare part*

requerimiento • *requirement*

requisito • *requirement*

resaltar • *to point out*

rescate • *rescue, recovery (financial)*

    financiero • *financial bailout (of a company)*

reserva • *reservation (hotel, etc.)*

residencia para mayores • *nursing home*

respiradora • *respirator*

responsabilidad civil • *civil or public liability*

restante (*adj*) • *remaining*

retrasar • *to delay*

reunión • *meeting*

revalorización • *adjustment, reassessment*

revisar • *to check*

revisión • *check, review*

riesgo • *risk*

rotura • *breakage*

S

sabiendas: a • *knowingly*

salario • *wage*

saldar • *to settle, balance*

saldo • *balance*

saludar • *to greet*

saludo • *greeting, salutation*

sangrado • *indented*

sangría • *indentation*

sede (*f*) • *headquarters*

seguro • *insurance*

sello • *seal, stamp*

sembrador (*m*) • *sower*

señas • *address*

sigla • *abbreviation*

siguiente • *following*

silabeo • *syllabication*

silla de ruedas • *wheelchair*

siniestro • *disaster*

sin otro particular • *with nothing further to add*

sintonización • *tuning, program selection*

sírva(n)se + inf. • *please (+ inf.)*

sobre (*m*) • *envelope*

sobresaliente (*m/f*) • *outstanding*

sociedad • *company, firm*

    anónima • *corporation*

    de responsabilidad limitada • *limited liability company*

    en comandita o comanditaria • *silent partnership*

    en nombre colectivo • *partnership*

socio • *partner, associate*
    activo • *active partner*
    comanditario • *silent partner*
soldadura • *soldering*
soldar • *to solder, to weld*
soler (ue) • *to be accustomed to*
solicitante (*m/f*) • *applicant, solicitor*
solicitar • *to apply for, solicit, request*
solicitud • *application*
    de empleo • *employment or job application*
soltero • *(s) unmarried person; (adj) unmarried,*
    single
sondeo • *poll*
subcontratación • *outsourcing*
subcontratar • *to outsource*
subrayar • *to underline, underscore*
subvención • *subsidy, grant, allowance*
sucursal (*f*) • *branch*
sueldo • *salary*
sufragar • *to cover or defray (expenses)*
sumar • *to add up*
suministrar • *to supply*
superávit (*m*) • *surplus*
suplente (*adj*) • *deputy*
supuesto • *hypothetical situation*
surtido • *assortment*
suscribir • *to subscribe*
suscriptor/a • *subscriber*

T

talla • *size*
talón (*m*) • *check, stub*
talonario • *checkbook, stub book*
taller (*m*) • *workshop*
tarifa • *rate*
televisor (*m*) • *television set*
tenedor/a • *bearer, holder*
teneduría de libros • *bookkeeping*
tentativa • *attempt, effort*
término • *term, period of time*
terreno • *land*
testigo • *witness*
tiempo • *time, weather, period*
tienda de campaña • *tent*
tipo de interés • *interest rate*
titular (*m*) • *holder (account)*
título • *deed, degree, title*
tomador/a • *drawee, holder*

tomar • *to take*
    a su cargo • *to take charge of*
    juramento • *to swear (take an oath)*
toque (*m*) • *touch*
tornillo • *screw*
tramitar • *to transact, negotiate*
trámite (*m*) • *step (pl: procedure)*
transformación (*legal*) • *change in legal status*
traslado • *move, transfer*
traspasar • *to go through, pierce, penetrate*
trato • *dealing, relationship*
trienio • *triennial*
turrón (*m*) • *nougat candy*

U

ubicación • *location*
ubicar(se) • *to be located*
utilidad • *profit, utility*

V

vacante (*m/f*) • *unfilled, vacant*
vale (*m*) • *voucher*
valerse de • *to make use of*
valor (*m*) • *value, worth; security, stock*
    nominal • *nominal or face value*
valorar • *to value*
valorización • *valuation*
vapor (*m*) • *ship, steamer*
vecino al presente de • *current resident of*
vencedor/a • *winner*
vencer • *to mature, be due; to win*
vencido • *overdue*
vencimiento • *maturity, expiration*
vendedor/a • *salesman, saleswoman*
venta • *purchase, sale*
verificar • *to verify*
viaje de comitiva • *delegation*
vigente • *in effect, in force*
vigor: en • *in effect*
vinícola • *wine-related*
visa • *visa*
visado • *visa*
viudo • *widower, widow*
vivienda • *dwelling, housing*
vocal (*m/f*) • *director*
volante (*m*) • *leaflet, attached page*

Y

yeso • *plaster*

INGLÉS–ESPAÑOL

NOTA: *adj* = adjective; *f* = feminine; *m* = masculine; *n* = noun; *v* = verb.

A

acknowledge • *acusar*
account (*n*) • *cuenta*
accounts payable • *cuentas por pagar*
active partner • *socio activo*
add up • *sumar*
adhere (to) • *cumplir (con)*
advance (*v*) • *avanzar, adelantar, ascender*
advertise • *anunciar*
advisor • *asesor (m)*
affiliation • *asociación*
aforementioned • *antedicho, antemencionado,*
    sobredicho
agricultural • *agrícola (fem. form constant)*
amount • *cantidad, importe (m)*
apologize • *disculpar(se)*
appealing • *llamativo*
apply • *solicitar*
appointment • *cita, nombramiento*
appreciate • *agradar*
appropriate • *adecuado*
arrangement • *arreglo, plan (m)*
asset • *activo, haber (m)*
assign • *asignar*
assistant (*n/adj*) • *asistente, ayudante*
attach • *adjuntar*
attached • *adjunto*
attachment • *adjunto, anexo*
attempt • *intento*
attend • *acudir (a), asistir (a)*
author (*v*) • *escribir, componer*
average • *promedio*

B

balance • *saldo*
bank (*adj*) • *bancario*
bank draft • *giro bancario*
be aware of • *saber, enterarse de*
behalf of/on • *de parte de, en nombre de*
be in receipt of • *acusar recibo de*
below • *a continuación*
best of my knowledge • *que yo sepa*
bill of exchange • *letra de cambio*
bond • *bono*

box • *caja*
branch (office) • *rama, sucursal (f)*
budget • *presupuesto*
building • *edificio, finca urbana*
business (*n*) • *negocio, comercio, firma, sociedad;*
    (adj) comercial

C

call (*v*) • *llamar, (adj) llamada*
can • *lata*
cane • *bastón (m)*
carry (as in "to announce") • *anunciar*
catalog • *catálogo*
certified public accountant • *contable público*
charge (*v*) • *cargar*
    someone with *cargarle a uno, encargarle*
        a uno
check (*n*) • *cheque (m), talón (m)*
chief (*adj*) • *principal*
chief executive officer (CEO) • *presidente*
choose • *seleccionar, escoger*
Christmas (*adj*) • *navideño*
circular or form letter • *circular (f), carta circular*
client • *cliente (m/f)*
clip (*n*) • *presilla (Caribbean)*
close down • *clausurar*
coconut rice • *arroz de coco (m)*
commensurate with • *que corresponde a, según*
commercial (*adj*) • *comercial, mercantil*
company • *compañía, empresa, firma, sociedad*
compliance • *cumplimiento*
    in _____ with • *conforme con, de*
        acuerdo con, en conformidad con
comply • *cumplir con*
computer • *computadora, ordenador (m)*
concern (*v*) (to whom it may) • *a quien*
    corresponda
conduct (*v*) • *dirigir*
confidence • *confianza*
consignment • *consignación*
consultant • *asesor/a*
consultation • *consulta*
contact (*v*) • *ponerse en contacto con*
contract (*n*) • *contrato*

contribution • *aportación*
copy (*n*) • *ejemplar*
cost • *costo*
courtesy • *cortesía*
crate (*n*) • *cajón* (*m*); (*v*) *embalar*
credentials • *referencias, documentos*
credit rating • *valoración o estimación crediticia*
customer • *cliente* (*m/f*)

D

damaged • *averiado, dañado*
deficit • *déficit* (*m*)
delay (*n*) • *demora*
delighted: be • *tener el gusto de*
delivery • *entrega*
demonstrate • *demostrar*
demonstration • *demostración, manifestación (political)*
dictate • *dictar*
director • *director/a*
disappoint • *decepcionar, delusionar*
discount (*n*) • *descuento, rebaja;* (*v*) *descontar, rebajar*
dissolve • *liquidar*
down payment • *pago inicial*
due: be • *vencer*

E

employee • *empleado/a; oficial* (*m/f*) *(governmental)*
enclosed • *adjunto*
enclosure (mail) • *adjunto, anexo*
endeavor (*n*) • *esfuerzo, tentativa, esforzarse por*
enter • *ingresar*
entrust • *confiar en*
entry (accounting) • *partida*
equal to • *en proporción a*
equipment • *equipo, maquinaria*
establish • *montar, establecer*
exceptional • *extraordinario, excepcional*
exhibit (*n*) • *exposición*
expand • *ampliar*
export (*n*) • *exportación;* (*v*) *exportar*
extend • *conceder, extender (ie)*

F

fair (*n*) • *feria*
failure • *fracaso, falta (to do something)*

farm (*n*) • *finca, granja, rancho;* (*adj*) *agrícola*
fax (*n*) • *fax* (*m*)
figurine • *estatuilla*
financial (*adj*) • *financiero*
    position • *situación financiera*
    statement • *estado de situación*
first (of all) • *primero*
flow (*n*) • (current, liquid) *flujo;* (information) *circulación;* (money) *movimiento*
flowchart • *organigrama* (*m*)
form letter • *circular* (*f*), *carta circular*
forward (*v*) • *reexpedir (i), enviar, mandar*
frame (bike) • *cuadro*
freight • *flete* (*m*)
fulfill • *cumplir con*

G

good • *bien* (*m*)
goods • *mercancías, artículos*
grant (*v*) • *conceder, otorgar*
Gross National Product (GNP) • *producto nacional bruto (PNB)*
growing (*adj*) • *creciente*

H

hire (*v*) • *emplear, contratar*
holdings • *activo*
holiday (*adj*) • *festivo*
hotel related (*adj*) • *hostelero*

I

import (*n*) • *importación;* (*v*) *importar*
improved • *mejorado*
in advance • *por adelantado, en anticipación*
income • *ingreso, renta*
inconvenience • *inconveniente* (*m*)
inform • *informar, notificar*
inheritance • *patrimonio*
inquiry • *información, pregunta*
in this regard • *al respecto*
insurance • *seguro*
intention • *propósito*
interest rate • *tipo de interés*
interview (*n*) • *entrevista;* (*v*) *entrevistar*
interviewee • *entrevistado*
interviewer • *entrevistador*
issue (of a newspaper, magazine) • *número*
item • *artículo, ítem* (*m*)

J

jar • *jarra, tarro*
job • *empleo, trabajo*

K

kidney bean • *habichuela, frijól (m), judía, alubia*
kind (adj) • *atento*
knowledge • *conocimiento*
    to my • *que yo sepa*
    not to my • *que yo sepa, no*

L

lease (n) • *arrendamiento; (v) arrendar*
leather • *cuero*
lender • *prestamista*
letter • *carta*
    of credit • *carta de crédito*
letterhead • *membrete (m)*
liability (accounting) • *pasivo*
line of credit • *línea de crédito*
liquidate • *liquidar, saldar*
loan (n) • *préstamo*
located at • *ubicado en*
long-term • *a largo plazo*
look forward to • *esperar*
look over • *revisar*
loyalty • *lealtad (f)*

M

management • *administración, gerencia, gestión, dirección*
manager • *administrador/a, gerente (m/f)*
margin (page) • *margen (m)*
market • *mercado, plaza*
match (v) • *emparejar*
matter (n) • *asunto*
meat pie • *empanada*
meet payments • *pagar a tiempo, cumplir con los pagos*
merchandise (n) • *mercancía*
merger • *fusión de empresas (f)*
mortgage (n) • *hipoteca*
move (n) • *mudanza; (v) mudarse (a), trasladarse (a)*

N

network (n) • *red (f)*
notify • *notificar, avisar, comunicar*

notwithstanding • *a pesar de*
nougat candy • *turrón (m)*
number (n) • *cifra*
nursing home • *residencia para mayores, hogar de ancianos, asilo de ancianos*

O

occupy (v) • *ocupar, vivir (en)*
opening • *apertura*
order (n) • *pedido, orden (f)*
organizational chart • *organigrama (m)*
ounce • *onza*
outlet • *mercado, concesionario*
outsource • *subcontratar*
outsourcing • *subcontratación*
overdue • *vencido, retrasado*
owner • *dueño, propietario*

P

partner (n) • *socio*
party (person) • *parte (f)*
password • *contraseña*
payable • *pagadero*
payment • *pago*
personal property • *bien mueble (m)*
pharmaceutical (adj) • *farmacéutico*
place an order • *hacer un pedido*
please + infinitive (command) • *sirva(n)se + infinitivo*
pleased: be • *agradecer*
pleasure (n) • *gusto*
pliers (pair of) • *alicates (m/p)*
policy • *política, norma, póliza, práctica*
portable (adj) • *portátil (m/f)*
postpone • *aplazar, prorrogar, postergar*
premises • *local (m)*
prepaid • *prepagado*
price (n) • *precio, importe (m)*
promote (v) • *ascender (ie)*
promotion (sales/rank) • *promoción, ascenso*
prompt (adj) • *pronto*
prove • *probar (ue), demostrar (ue)*
provide • *proporcionar, proveer*
public relations • *relaciones públicas*
publish • *publicar*
purchase (n) • *compra; (v) comprar*
purchasing (adj) • *de compras*

Q

quantity • *cantidad*
quotation (price) • *cotización*
quote (price) (*v*) • *cotizar*

R

radio (*n*) • *radio (m)*
rate (*n*) • *tarifa*
rating • *posición, clasificación*
real estate • *bien inmueble, bienes raíces*
receipt • *recibo comprobante (m)*
receipt of: be in • *acusar recibo de*
redress (*n*) • *reclamación*
reference (*n*) • *referencia*
refrigerator • *nevera, heladera*
regarding • *con respecto a*
register a complaint • *reclamar*
regret (*v*) • *lamentar, sentir (ie, i)*
reliable • *cumplidor/a, fiable (m/f)*
remain, (*v*) • *quedar (de)*
remind • *acordar*
remit • *remitir*
rent (*n*) • *alquiler (m); (v) alquilar*
repairs • *reparaciones*
replacement • *reemplazo, sustitución*
replenish • *reponer*
reply (*n*) • *contestación, respuesta*
report (*n*) • *informe (m)*
request (*n*) • *solicitud (f), petición; (v) solicitar, pedir*
requirement • *requerimiento, requisito*
reservation • *reserva, reservación (para un hotel)*
respirator • *respiradora*
retailer • *detallista, minorista*
rights • *derechos*
right (person for the job) (*n*) • *persona idónea (para el puesto), (adj) adecuado*
rubber bands • *gomas elásticas*

S

sale • *venta*
saving • *ahorro*
schedule (*n*) • *horario*
season • *estación*
secure (*v*) • *conseguir (i)*
seek • *solicitar, buscar*
serve • *servir (i), atender (ie)*

set up (*v*) • *abrir, establecer, montar, poner, concertar (cita)*
settle (account) • *liquidar, saldar*
settlement • *liquidación*
shareholder • *accionista (m/f), participante (m/f)*
ship (*v*) • *enviar, mandar, despachar, remitir*
shipment • *envío, remesa*
shipping (*adj*) • *naviero*
    company • *compañía naviera*
    department • *departamento de envíos*
sign (*n*) • *señal (m), cartel (m)*
silent partner • *socio comanditario*
silent partnership • *sociedad en comandita o comanditaria*
skilled • *hábil (m/f), experto, especializado*
software • *"software" (m), programa (m)*
solder (*adj*) • *soldadura; (v) soldar*
sole (*adj*) • *único*
solvent • *solvente*
sorry, to be • *sentir, lamentar*
sower • *sembrador (m/f)*
Spanish-speaking (*adj*) • *hispanohablante, hispanoparlante*
spare part • *repuesto*
staple (*n*) • *grapa*
stay (*n*) • *estancia*
stock (*n*) • *existencia, acción*
stockholder • *accionista (m/f)*
storage • *almacenaje (m), almacenamiento, memoria (computadora)*
strike (*n*) • *huelga*
striker • *huelguista (m/f)*
sugar • *azúcar (m/f)*
    brown sugar • *azúcar morena*
    cane sugar • *azúcar de caña (m)*
    white sugar • *azúcar blanco/blanca*
style (*n*) • *estilo*
subsidiary • *filial (f)*
subsidy • *subvención*
supplier • *abastecedor/a, proveedor/a*
surplus • *superávit (m)*

T

take on • *aceptar, emprender, encargarse de*
takeover *adquisición*
task • *deber (m), tarea*
tasting • *degustación*

technical • *técnico*
terms • *condiciones*
textile • *tejido, textil (m)*
thank (v) • *agradecerle a uno*
time period • *término*
timely • *a tiempo, oportunamente, debidamente*
training • *adiestramiento, entrenamiento*
triennial • *trienio*
trust (n) • *confianza (f)*; (v) *confiar (en)*
try (taste) (v) • *probar (ue)*

U

unexciting • *poco emocionante*
unit price • *precio unitario*
upcoming • *próximo, venidero*

V

valuation • *valorización*
very truly yours • *(muy) atentamente*
voucher • *vale (m), comprobante (m)*
vote (n) • *voto,* (v) *votar*

W

walker (for disabled) • *andador*
wheelchair • *silla de ruedas*
wholesale • *al por mayor*
wide variety • *una gran variedad*
wine tasting • *degustación de vinos*
wish somebody well • *desear (ie) buena suerte a alguien*